百姓的贴身法律顾问

人身损害　交通事故　劳动合同篇

主编　谢定彪　王博

编写人员
主　编：谢定彪　王　博
副主编：雷　珊　余振林　庞中秋　熊学武
参编人员：雷学武　宋胜峰　阮红艳　郑继军
吕少波　陈国强　李　琴　张雪燕
雷新华　叶　鹏　陈　涛　陈育红
耿　领　白豪斌　黄　锐　杨胜男
卢　文　闵力胜　欧阳婵娟

WUHAN UNIVERSITY PRESS
武汉大学出版社

图书在版编目(CIP)数据

百姓的贴身法律顾问.人身损害、交通事故、劳动合同篇/谢定彪,王博主编.—武汉:武汉大学出版社,2018.9(2020.12 重印)
ISBN 978-7-307-20478-2

Ⅰ.百…　Ⅱ.①谢…　②王…　Ⅲ.①人身权—侵权行为—法律—中国—问题解答　②交通运输事故—处理—法律—中国—问题解答　③劳动合同—合同法—中国—问题解答　Ⅳ.D920.5

中国版本图书馆 CIP 数据核字(2018)第 193744 号

责任编辑:张　欣　　责任校对:汪欣怡　　版式设计:汪冰滢

出版发行:**武汉大学出版社**　(430072　武昌　珞珈山)
(电子邮箱:cbs22@whu.edu.cn　网址:www.wdp.com.cn)
印刷:武汉图物印刷有限公司
开本:880×1230　1/32　印张:9　字数:208 千字　插页:1
版次:2018 年 9 月第 1 版　2020 年 12 月第 5 次印刷
ISBN 978-7-307-20478-2　定价:19.88 元

目　　录

一、人身损害篇

二、交通事故篇

三、劳动合同篇

一、人身损害篇

1. 中学学生在自发组织的打篮球等体育运动中被碰撞发生意外损伤，学校是否承担赔偿责任？

【解答】

该损伤是在校内体育运动中造成的意外伤害，不存在主观故意或过失，未发生传统侵权法上的侵权行为。体育竞技项目本身具有对抗性及潜在的人身危险性，存在一定的风险，且该风险存在是正当合理的，身体相互接触不可避免，作为参与者均是潜在正当危险的制造者和承担者，对于损害发生都没有过错，即都不具备侵权法上的可归责性，因而都不需要承担民法上的侵权责任。但考虑到损害已实际发生，且该损害的发生客观上确实与相对方的行为有一定因果关系，由受伤学生独自承担因损伤发生的费用有失公平，结合双方均为未成年人及家庭经济状况等实际情况及对公平原则理念的考量，可裁量由对方承担50%的损失。

关于学校是否应承担责任的问题，需判断学校是否存在过错，首先应判断学校是否尽到了管理、保护等注意的义务以及注意义务的程度，其次，要判断学校是否违反了注意义务，是否对学生进行了相应的安全教育，并是否在可预见范围内采取必要的安全措施，学校教师或其他工作人员在负责组织、管理未成年学习生活期间是否发现学生行为具有危险性，是否进行了必要的管理、告诫或制止等。结合此问题，学校在一定程度上违反了注意义务或者注意义务的程度不够，故学校应当对受伤学生的损失承担相应的赔偿责任。

【法律依据】

《侵权责任法》第三十九条 限制民事行为能力人在学校或者其他教育机构学习、生活期间受到人身损害，学校或者其他教育机构未尽到教育管理职责的，应当承担责任。

《民法通则》第一百三十二条【公平责任】 当事人对造成损害都没有过错的，可以根据实际情况，由当事人分担民事责任。

2. 外来人员进入施工现场受到损伤，建筑施工场所管理人是否应对其承担侵权损害赔偿责任？

【解答】

建筑施工企业应对工地负责维护和管理，其在维护和管理过程中未尽到必要的防范义务，未设立安全警示标志，对他人进入工地亦未管理或制止，导致外来人员造成损害，应承担主要责任。而施工现场的外来社会人员在进入此类施工现场时，自身也应对现场的危险性有所估计，其未经同意和允许即擅自进入施工场地，未尽到谨慎注意义务，应承担次要责任。

【法律依据】

《中华人民共和国建筑法》第三十九条第一款　建筑施工企业应当在施工现场采取维护安全、防范危险、预防火灾等措施；有条件的，应当对施工现场实行封闭管理。

《侵权责任法》第九十一条第一款　在公共场所或者道路上挖坑、修缮安装地下设施等，没有设置明显标志和采取安全措施造成他人损害的，施工人应当承担侵权责任。

3. 李甲在某餐厅吃饭时，被同在一家店里吃饭的张乙带来的宠物狗咬伤了脚，该餐厅负责人应否承担赔偿责任？

【解答】

餐厅属于经营性的公共场所，此类场所的负责人或管理人对出入该场所的人员负有安全保障义务。该安全保障义务分为两类，一是防止因义务人自身的行为而直接使他人的人身或者财产受到侵害的义务，二是防止因自己的不作为而使他人遭受第三人侵害的义务。李甲在餐厅吃饭被张乙的宠物狗咬伤，餐厅负责人未尽到安全保障义务，致使李甲遭受了第三人侵害，在第三人承担侵权责任的同时，应承担相应的补充责任。

【法律依据】

《侵权责任法》第三十七条　宾馆、商场、银行、车站、娱乐场所等公共场所的管理人或者群众性活动的组织者，未尽到安全保障义务，造成他人损害的，应当承担侵权责任。因第三人的行为造成他人损害的，由第三人承担侵权责任；管理人或者组织者未尽到安全保障义务的，承担相应的补充责任。

《人身损害赔偿解释》第六条　从事住宿、餐饮、娱乐等经营活动或者其他社会活动的自然人、法人、其他组织，未尽合理限度范围内的安全保障义务致使他人遭受人身损害，赔偿权利人请求其承担相应赔偿责任的，人民法院应予支持。因第三人侵权导致损害结果发生的，由实施侵权行为的第三人承担赔偿责任。安全保障义务人有过错的，应当在其能够防止或者制止损害的范围内承担相应的补充赔偿责任。安全保障义务人承担责任后，可以向第三人追偿。赔偿权利人起诉安全保障义务人的，应当将第三人作为共同被告，但第三人不能确定的除外。

4. 在经营性场所内，因受害人自身过错导致受伤的，经营者应怎样承担责任？

【解答】

行为人因过错侵害他人民事权益的，应当承担侵权责任。该侵害既包括积极的侵权行为也包括消极的义务缺失。作为经营者，应对其经营场所的安全负有防控义务。受害人在经营性场所内遭受损害，如损害结果主要是因受害人自身原因导致的，应由受害人自己承担主要责任，经营者未尽到安全防控义务的，应承担一定的责任。

【法律依据】

《中华人民共和国消费者权益保护法》第七条　消费者在购买商品和接受服务时享有人身、财产不受损害的权利。

第十八条第一款 经营者应当保证其提供的商品或者服务符合保障人身安全、财产安全的要求。

《人身损害赔偿解释》第六条 从事住宿、餐饮、娱乐等经营活动或者其他社会活动的自然人、法人、其他组织，未尽合理限度范围内的安全保障义务致使他人遭受人身损害，赔偿权利人请求其承担相应赔偿责任的，人民法院应予支持。因第三人侵权导致损害结果发生的，由实施侵权行为的第三人承担赔偿责任。安全保障义务人有过错的，应当在其能够防止或者制止损害的范围内承担相应的补充赔偿责任。安全保障义务人承担责任后，可以向第三人追偿。赔偿权利人起诉安全保障义务人的，应当将第三人作为共同被告，但第三人不能确定的除外。

《侵权责任法》第二十六条 被侵权人对损害的发生也有过错的，可以减轻侵权人的责任。

5. 饲养的动物给他人造成损害，动物饲养人或管理人应怎样承担责任？

【解答】

饲养的动物造成他人损害的，对于伤者的合理经济损失，动物饲养人或者管理人应当承担民事赔偿责任。在适用无过错责任的案件中，受害人有重大过失的，可以减轻赔偿义务人的赔偿责任。在司法实践中，法院根据伤者的过错程度，酌情确定其应承担的相应责任。

【法律依据】

《侵权责任法》第七十八条 饲养的动物造成他人损害，动物饲养人或者管理人应当承担侵权责任，但能够证明损害是因被侵权人故意或者重大过失造成的，可以不承担或者减轻责任。

6. 无民事行为能力人在学校组织的活动中受伤，应怎样认定学校的责任？

【解答】

公民享有生命健康权。学校应对其组织安排的活动中学生的人身安全负相关注意义务，活动性质、名称不影响学校责任的认定与承担，但能够证明尽到教育、管理职责的，不承担责任。无民事行为能力人应适用过错推定原则，即作为无民事行为能力人，在学校组织的活动中受伤，应先推定学校存在过错，如学校能够证明其尽到教育管理职责的，可不承担责任。

一方面，无民事行为能力人，其年龄和智力状况不能使其完全预测到可能出现的安全隐患，学校应当对学生进行课前热身、运动技能、注意事项等安全方面的讲解和教育。另一个方面，虽为无民事行为能力人，但结合其年龄，对其学习过的运动技能应当有一定的记忆力，且在平常生活中，其监护人也应当尽到一定的安全教育义务。司法实践中，法院根据双方过错程度及原因力大小，综合认定责任承担比例。

【法律依据】

《侵权责任法》第三十八条　无民事行为能力人在幼儿园、学校或者其他教育机构学习、生活期间受到人身损害的，幼儿园、学校或者其他教育机构应当承担责任，但能够证明尽到教育、管理职责的，不承担责任。

7. 小明家门口的牌楼因刮大风倒塌，造成路人甲被砸伤亡，此事故责任应怎样承担？死亡赔偿金外应否支付精神损害赔偿金？

【解答】

此事故所涉民事责任属于特殊侵权责任，适用过错推定的归责原则。小明若作为该牌楼的所有者及管理者，因牌楼倒塌给他人造成损害，若不能证明自己没有过错或证据不足，法律上推定其有过错并承担赔偿责任。该牌楼若有多个所有人或者管理人的，所有人或者管理人构成共同侵权，承担连带责任。

关于小明是否应当承担精神损害赔偿金的问题，凡是造成受害人死亡的，死者的近亲属遭受精神损害，除要求赔偿义务人支付死亡赔偿金以外，还可以要求给付精神损害赔偿。

【法律依据】

《侵权责任法》第八十五条　建筑物、构筑物或者其他设施及其搁置物、悬挂物发生脱落、坠落造成他人损害，所有人、管理人或者使用人不能证明自己没有过错的，应当承担侵权责任。所有人、管理人或者使用人赔偿后，有其他责任人的，有权向其他责任人追偿。

《人身损害赔偿解释》第十七条第一款　受害人遭受人身损害，因就医治疗支出的各项费用以及因误工减少的收入，包括医疗费、误工费、护理费、交通费、住宿费、住院伙食补助费、必要的营养费，赔偿义务人应当予以赔偿。

第三款　受害人死亡的，赔偿义务人除应当根据抢救治疗情况赔偿本条第一款规定的相关费用外，还应当赔偿丧葬费、被扶养人生活费、死亡补偿费以及受害人亲属办理丧葬事宜支出的交通费、住宿费和误工损失等其他合理费用。

第十八条 受害人或者死者近亲属遭受精神损害，赔偿权利人向人民法院请求赔偿精神损害抚慰金的，适用《最高人民法院关于确定民事侵权精神损害赔偿责任若干问题的解释》予以确定。精神损害抚慰金的请求权，不得让与或者继承。但赔偿义务人已经以书面方式承诺给予金钱赔偿，或者赔偿权利人已经向人民法院起诉的除外。

第二十九条 死亡赔偿金按照受诉法院所在地上一年度城镇居民人均可支配收入或者农村居民人均纯收入标准，按二十年计算。但六十周岁以上的，年龄每增加一岁减少一年；七十五周岁以上的，按五年计算。

第十二条 二人以上分别实施侵权行为造成同一损害，能够确定责任大小的，各自承担相应的责任；难以确定责任大小的，平均承担赔偿责任。

第十三条 法律规定承担连带责任的，被侵权人有权请求部分或者全部连带责任人承担责任。

8. 什么叫人身损害赔偿？其范围包括哪些内容？

【解答】

人身损害赔偿，是指自然人的生命、健康、身体受到不法侵害，造成伤害、残疾、死亡及精神损害，要求赔偿义务人以财产进行赔偿的侵权法律制度。人身损害赔偿的权利主体是自然人，客体是身体健康权或生命权，赔偿的方式是财产赔偿，赔偿的义务人是致人损害的致害方。所谓人身损害赔偿案件，就是指因侵害自然人的身体健康权或生命权而提起诉讼的案件。人身损害赔偿案件是因生命权、健康权、身体权遭受侵害，赔偿权利人起诉请求赔偿义务人赔偿财产损失和精神损害的案件，包括因赔偿义务人自己或者他人的侵权行为以及其他致害原因依法应当承担民事责任的情形。

人身损害赔偿范围，根据《最高人民法院关于审理人身损害赔偿案件适用法律若干问题的解释》第十七条、《中华人民共和国侵权责任法》第十六条的规定，包括：医疗费、误工费、护理费、交通费、住宿费、住院伙食补助费、必要的营养费、残疾赔偿金、残疾辅助器具费、被扶养人生活费、康复费、护理费、后续治疗费、丧葬费、死亡补偿费、受害人亲属办理丧葬事宜支出的交通费、住宿费和误工损失等其他合理费用、精神损害抚慰金。

【法律依据】

《人身损害赔偿解释》第一条　因生命、健康、身体遭受侵害，赔偿权利人起诉请求赔偿义务人赔偿财产损失和精神损害的，人民法院应予受理。本条所称“赔偿权利人”，是指因侵权行为或者其他致害原因直接遭受人身损害的受害人、依法由受害人承担扶养义务的被扶养人以及死亡受害人的近亲属。本条所称“赔偿义务人”，是指因自己或者他人的侵权行为以及其他致害原因依法应当承担民事责任的自然人、法人或者其他组织。

《人身损害赔偿解释》第十七条　受害人遭受人身损害，因就医治疗支出的各项费用以及因误工减少的收入，包括医疗费、误工费、护理费、交通费、住宿费、住院伙食补助费、必要的营养费，赔偿义务人应当予以赔偿。受害人因伤致残的，其因增加生活上需要所支出的必要费用以及因丧失劳动能力导致的收入损失，包括残疾赔偿金、残疾辅助器具费、被扶养人生活费，以及因康复护理、继续治疗实际发生的必要的康复费、护理费、后续治疗费，赔偿义务人也应当予以赔偿。受害人死亡的，赔偿义务人除应当根据抢救治疗情况赔偿本条第一款规定的相关费用外，还应当赔偿丧葬费、被扶养人生活费、死亡补偿费以及受害人亲属办理丧葬事宜支出的交通费、住宿费和误工损失等其他合理费用。

9. 人身损害赔偿案件有哪些归责原则？各有什么含义？

【解答】

人身损害赔偿案件的归责原则是处理人身损害赔偿案件的基本准则。在审判实践中非常重要，归责原则主要包括：过错责任原则；过错推定责任原则；无过错责任原则；公平责任原则。

过错责任原则，是指在确定人身损害赔偿的责任主体时，以行为人是否有过错为依据来判断行为人是否应当承担赔偿责任的原则。

过错推定原则，是指在法律有特别规定的场合，从损害事实的本身推定加害人主观上具有过错，并据此确定行为人赔偿责任的归责原则。过错推定原则仅适用于法律规定的一部分特殊侵权行为：

(1)国家赔偿责任；

(2)用人者的责任：包括法人或者其他组织的工作人员致害

责任、雇主责任和定做人指示过失责任；

(3)违反安全保障义务的侵权行为；

(4)物件致害责任；

(5)医疗事故责任；

(6)学生伤害事故责任以及在道路交通事故中，机动车造成非机动车驾驶人或者行人人身损害的情形。

无过错责任原则是指在法律有特别规定的情况下，只要有损害事实的发生，损害事实与行为人的行为具有因果关系就要承担责任的原则。《民法通则》第一百零六条第三款规定："没有过错，但法律规定应当承担民事责任的，应当承担民事责任。"这里规定的就是无过错责任原则。无过失责任原则只适用于一部分特殊侵权行为：

(1)产品侵权损害赔偿；

(2)高度危险作业的侵权损害赔偿；

(3)污染环境造成他人损害的侵权损害赔偿；

(4)动物致害责任；

(5)工伤事故责任。

公平责任原则是指行为人和受害人双方都没有过错，但由于损害事实已经发生，以社会公平观念作为损害赔偿的标准，根据实际情况，由双方当事人公平地分担损失的归责原则。我国《民法通则》第一百三十二条规定："当事人对造成损害都没有过错的，可根据实际情况，由当事人分担责任。"

【法律依据】

《侵权责任法》第六条　行为人因过错侵害他人民事权益，应当承担侵权责任。根据法律规定推定行为人有过错，行为人不能证明自己没有过错的，应当承担侵权责任。

第七条 行为人损害他人民事权益，不论行为人有无过错，法律规定应当承担侵权责任的，依照其规定。

第二十四条 受害人和行为人对损害的发生都没有过错的，可以根据实际情况，由双方分担损失。

10. 被帮工人未明确拒绝帮工，对帮工人的损害是否应承担责任？

【解答】

帮工人因帮工活动遭受人身损害的，被帮工人应当承担赔偿责任，被帮工人明确拒绝帮工的，不承担赔偿责任。被帮工人未明确拒绝帮工的，帮工人和被帮工人之间形成劳务关系，应根据双方各自的过错承担相应责任。

【法律依据】

《侵权责任法》第三十五条 个人之间形成劳务关系，提供劳务一方因劳务造成他人损害的，由接受劳务一方承担侵权责任。提供劳务一方因劳务自己受到损害的，根据双方各自的过错承担相应的责任。

《人身损害赔偿解释》第十四条 帮工人因帮工活动遭受人身损害的，被帮工人应当承担赔偿责任。被帮工人明确拒绝帮工的，不承担赔偿责任；但可以在受益范围内予以适当补偿。帮工人因第三人侵权遭受人身损害的，由第三人承担赔偿责任。第三人不能确定或者没有赔偿能力的，可以由被帮工人予以适当补偿。

11. 正当防卫超出必要限度致人损害的，是否应当承担民事赔偿责任？

【解答】

正当防卫是指当公共利益、他人或本人的人身或其他利益受到不法侵害时行为人采取的必要防卫措施。法律规定正当防卫的立法意义是：确立正当防卫作为侵权责任抗辩事由的法律地位，维护权利人的合法权益；限制正当防卫强度避免滥用正当防卫权利。因此，因正当防卫造成他人损害时不承担民事责任。但如果正当防卫超过必要的限度造成不应有的损害则防卫人应当承担适当的民事责任。

【法律依据】

《民法通则》第一百二十八条　因正当防卫造成损害的，不承担民事责任。正当防卫超过必要的限度，造成不应有的损害的，应当承担适当的民事责任。

《人身损害赔偿解释》第二条　受害人对同一损害的发生或者扩大有故意、过失的，依照民法通则第一百三十一条的规定，可以减轻或者免除赔偿义务人的赔偿责任。

《民法总则》第一百八十一条　因正当防卫造成损害的，不承担民事责任。正当防卫超过必要的限度，造成不应有的损害的，正当防卫人应当承担适当的民事责任。

12. 甲与乙发生争执，二人相互推搡拉扯，甲被乙推倒受伤，乙应当怎样承担侵权责任？

【解答】

乙推倒甲是事实，乙即使否认其侵权的主观故意，但不能排除其有过失伤害甲的行为。甲在被乙推倒的情形下与乙发生相互推搡和拉扯也在情理之中，故双方对甲的损害的发生存在混合过错，受害人对损害的发生有过错的，可以减轻侵害人的责任。在司法实践中，对甲的伤害后果，可以考虑乙负主要责任，甲负次要责任。

【法律依据】

《民法通则》第一百三十一条　受害人对于损害的发生也有过错的，可以减轻侵害人的民事责任。

《人身损害赔偿解释》第二条　受害人对同一损害的发生或者扩大有故意、过失的，依照民法通则第一百三十一条的规定，可以减轻或者免除赔偿义务人的赔偿责任。

13. 台风是否可以认定为不可抗力？构成不可抗力就能免责吗？

【解答】

某种客观情况是否构成“不可抗力”，必须同时具备三个基本条件，即不能预见、不能避免并不能克服，其中任何一个条件不具备就不构成不可抗力。在具体案例中，若某地受气候影响，有台风等异常天气出现可能不能避免，但是对由此产生的危险以及可能带来的损害，某些责任主体应该是可以预见并且可以克服的，在此情况下，将台风认定为不可抗力显然条件不够充分。另外，不可抗力作为免责条件，只有不可抗力是造成损害的唯一原因时，才能免除相关责任主体的责任，因此，因不可抗力免责也是需要满足一定条件的。

【法律依据】

《民法通则》第一百五十三条　本法所称的“不可抗力”，是指不能预见、不能避免并不能克服的客观情况。

《民法通则》第一百零七条　因不可抗力不能履行合同或者造成他人损害的，不承担民事责任，法律另有规定的除外。

《民法总则》第一百八十条　因不可抗力不能履行义务的，不承担民事责任。法律另有规定的，依照其规定。不可抗力是指不能预见、不能避免且不能克服的客观情况。

14. 甲某骑自行车时因前轮挡泥板卡住自行车前轮致使甲某连人带车向左摔倒在机动车道内，适有巴士公司司机乙某驾驶大客车在机动车道行驶，乙某发现情况后采取制动致使乘车人丙某受伤，巴士公司垫付了医疗费用。问：巴士公司能否向甲某主张赔偿责任？

【解答】

因紧急避险造成损害的，由引起险情发生的人承担民事责任。甲某在骑自行车行驶过程中，因前轮挡泥板卡住自行车前轮，致使其连人带车向左摔倒在机动车道内引起了险情的发生。客车司机发现情况后采取制动，使客车与甲某车未接触，避免了甲某因交通事故而受伤害，甲某因此而受益。然而，由于乙某的紧急避险却造成乘车人丙某摔倒受伤，并且巴士公司因此而向丙某垫付了医疗费用，其主张由甲某负担部分垫付费用，理由正当，一般在司法实践中，该部分责任应当由甲某个人承担。

【法律依据】

《民法通则》第一百二十九条 因紧急避险造成损害的，由引起险情发生的人承担民事责任。如果危险是由自然原因引起的，紧急避险人不承担民事责任或者承担适当的民事责任。因紧急避险采取措施不当或者超过必要的限度，造成不应有的损害的，紧急避险人应当承担适当的民事责任。

《民法总则》第一百八十二条 因紧急避险造成损害的，由引起险情发生的人承担民事责任。危险由自然原因引起的，紧急避险人不承担民事责任，可以给予适当补偿。紧急避险采取措施不当或者采取必要的限度，造成不应有的损害的，紧急避险人应当承担适当的民事责任。

15. 见义勇为人自身遭受损害的，是否能获得救济？

【解答】

见义勇为行为，是指不负有法定职责和特定义务的公民，为保护国家利益、社会公共利益或他人人身、财产安全，制止正在发生的违法犯罪或抢险、救灾、救人，表现突出的行为。见义勇为人为了保护他人的合法权益或者国家、社会公共利益而使自己受到损害，应当获得法律上的救济。在有侵权人的情况下，侵权人应当承担民事责任，受益人可以予以适当补偿。在没有侵权人、侵权人逃逸或者无力承担民事责任的情况下，遭受损害的见义勇为人有权请求受益人补偿，受益人应当依法予以“适当补偿”。此等情况下的“适当补偿”是法定的，强制性的，“适当补偿”的数额应当综合考虑见义勇为人遭受的损失大小、受益人的受益大小以及补偿能力，侵权人(如果存在)承担民事责任的能力等因素确定。见义勇为人还可以依据有关“鼓励公民见义勇为条例”(或者“公民见义勇为奖励条例”)获得政府奖励和补助等，也可以依法获得社会捐助。

【法律依据】

《民法总则》第一百八十三条　因保护他人民事权益使自己受到损害的，由侵权人承担民事责任。受益人可以给予适当补偿。没有侵权人、侵权人逃逸或者无力承担民事责任，受害人请求补偿的，受益人应当给予适当补偿。

《人身损害赔偿解释》第十五条　为维护国家、集体或者他人的合法权益而使自己受到人身损害，因没有侵权人、不能确定侵权人或者侵权人没有赔偿能力，赔偿权利人请求受益人在受益范围内予以适当补偿的，人民法院应予支持。

16. 面对人身损害赔偿纠纷，有哪些解决途径？

【解答】

人身损害赔偿纠纷的解决通常有三种解决途径，即协商、调解和诉讼方式。当发生人身损害，需要索求赔偿时，可以通过协商的方式、调解或者诉讼的方式来解决。协商是当事人自愿达成协议的；调解是经人民调解委员会或其他第三方机构通过说服、疏导等方法，促使当事人在平等协商基础上自愿达成调解协议；诉讼是到法院起诉，由法院进行判决的，发生法律效力的民事判决、裁定，当事人必须履行。一方拒绝履行的，对方当事人可以向人民法院申请执行，也可以由审判员移送执行员执行。

【法律依据】

《民事诉讼法》第五十条　双方当事人可以自行和解。

《最高人民法院关于进一步推进案件繁简分流优化司法资源配置的若干意见》第二十条　完善多元化纠纷解决机制。推动综治组织、行政机关、人民调解组织、商事调解组织、行业调解组织、仲裁机构、公证机构等各类治理主体发挥预防与化解矛盾纠纷的作用，完善诉调对接工作平台建设，加强诉讼与非诉纠纷解决方式的有机衔接，促进纠纷的诉前分流。

17. 人身损害赔偿的索赔流程是什么样的?

【解答】

(1)伤情鉴定。首先报案，警察会做笔录，作为以后诉讼的证据，并由公安局负责为你做伤情鉴定。伤情鉴定是判断罪与非罪的依据，伤情鉴定的结果分为轻微伤、轻伤和重伤，如果侵害行为造成的结果是轻伤以上(包括轻伤)即构成犯罪，肇事者要被追究刑事责任。受害人应该同时提起刑事附带民事诉讼。(2)伤残鉴定。受害人在治疗结束后，等病情稳定，可以申请伤残鉴定，一般是在出院后几个月或半年左右。伤残鉴定是人身损害赔偿的依据，是计算伤残补偿金的标准，结果分为十级，1—10级伤残，逐级减弱。如果当事人对鉴定结果不服，可以申请重新鉴定。(3)索赔内容。就人身损害赔偿的内容而言，包括医疗费、伤残补偿金、被抚养人生活费、误工费、交通费、住宿费、护理费、营养费、伙食补助，还有精神损失费。如果死亡的，另加丧葬费，死亡补偿金替换伤残补偿金。

【法律依据】

《民事诉讼法》第七十六条　当事人可以就查明事实的专门性问题向人民法院申请鉴定。当事人申请鉴定的，由双方当事人协商确定具备资格的鉴定人；协商不成的，由人民法院指定。当事人未申请鉴定，人民法院对专门性问题认为需要鉴定的，应当委托具备资格的鉴定人进行鉴定。

《民法通则》第一百一十九条　侵害公民身体造成伤害的，

应当赔偿医疗费、因误工减少的收入、残废者生活补助费等费用；造成死亡的，并应当支付丧葬费、死者生前扶养的人必要的生活费等费用。

18. 在人身损害赔偿纠纷中如何确定受害人所受损失？

【解答】

受害人所受损失的赔偿范围和数额，对于双方有争议的，应严格依照相关法律规定处理。(1)关于交通费，应根据受害人及其必要的陪护人员因就医或者转院治疗实际发生的费用计算。交通费应当以正式票据为凭，有关凭据应当与就医地点、时间、人数、次数相符合。(2)关于住院伙食补助费，可以参照当地国家机关一般工作人员的出差伙食补助标准予以确定。(3)关于残疾赔偿金，适用城镇居民标准进行赔偿需要满足两个条件：在城镇地区连续居住满一年；其主要收入来源为城镇，两者均需具备。(4)关于误工费，应根据受害人的误工时间和收入状况确定。(5)关于护理费，应根据护理人员的收入状况和护理人数、护理期限确定。(6)关于营养费，根据鉴定结论及受害人的实际情况确定。(7)关于财产损失费，应提供相关证据予以证明。(8)关于医疗辅助用品费，应提供相关证据予以证明。(9)关于因受伤而产生的其他费用，如精神损害抚慰金、鉴定费、律师费等，凡是受害人遭受的损失，应以合理损失为限，法院对于不合理的赔偿项目及数额一般不予支持。

【法律依据】

《人身损害赔偿解释》第十七条　受害人遭受人身损害，因就医治疗支出的各项费用以及因误工减少的收入，包括医疗费、误工费、护理费、交通费、住宿费、住院伙食补助费、必要的营养费，赔偿义务人应当予以赔偿。受害人因伤致残的，其因增加生活上需要所支出的必要费用以及因丧失劳动能力导致的收入损失，包括残疾赔偿金、残疾辅助器具费、被扶养人生活费，以及因康复护理、继续治疗实际发生的必要的康复费、护理费、后续治疗费，赔偿义务人也应当予以赔偿。受害人死亡的，赔偿义务人除应当根据抢救治疗情况赔偿本条第一款规定的相关费用外，还应当赔偿丧葬费、被扶养人生活费、死亡补偿费以及受害人亲属办理丧葬事宜支出的交通费、住宿费和误工损失等其他合理费用。

19. 人身损害赔偿的计算有哪些标准?

【解答】

(1)不同的户籍身份适用不同的赔偿标准。人身遭受侵害后残疾赔偿金、死亡赔偿金的数额，原则上按照受害人的户籍身份而定，即城镇居民按受诉法院所在地上年度城镇居民人均可支配收入赔偿，农村居民则按上年度农村居民人均纯收入赔偿，至于受害人在哪里工作、居住何处则在所不论。(2)不同的行政区划确定不同的赔偿标准。由于各省、自治区、直辖市的经济发展水平存在较大差别，各省级行政区划内的城镇居民人均可支配收入和农村居民人均纯收入各不相同，因此各省级行政区划内的赔偿标准也不尽相同，甚至有的计划单列市再单独制定赔偿标准。(3)不同的行业规定了不同的赔偿标准。如近年来各地煤矿企业对死亡矿工的赔偿金普遍确定为20万元左右。2006年3月28日起施行的《国内航空运输承运人赔偿责任限额规定》对每名旅客的赔偿责任限额为人民币40万元。1994年出台，目前仍在施行的《铁路旅客运输损害赔偿规定》，将旅客身体损害赔偿金的最高额定为4万元。(4)法官以自由裁量权确定赔偿标准。一种情况是法官针对个案自由确定按城镇居民还是按农村居民的标准赔偿。另一种情况是在“精神损害抚慰金”的适用上标准不一。(5)死亡赔偿标准往往低于伤残赔偿标准。这种状况往往造成一些肇事者为了逃脱高额的伤残赔偿费用，抱着“宁死勿伤”的心态残忍地将受害人置于死地。

【法律依据】

《人身损害赔偿解释》第三十五条　本解释所称“城镇居民人均可支配收入”、“农村居民人均纯收入”、“城镇居民人均消费性支出”、“农村居民人均年生活消费支出”、“职工平均工资”，按照政府统计部门公布的各省、自治区、直辖市以及经济特区和计划单列市上一年度相关统计数据确定。

《人身损害赔偿解释》第二十五条第一款　残疾赔偿金根据受害人丧失劳动能力程度或者伤残等级，按照受诉法院所在地上一年度城镇居民人均可支配收入或者农村居民人均纯收入标准，自定残之日起按二十年计算。但六十周岁以上的，年龄每增加一岁减少一年；七十五周岁以上的，按五年计算。

《人身损害赔偿解释》第二十条第三款　受害人有固定收入的，误工费按照实际减少的收入计算。受害人无固定收入的，按照其最近三年的平均收入计算；受害人不能举证证明其最近三年的平均收入状况的，可以参照受诉法院所在地相同或者相近行业上一年度职工的平均工资计算。

《人身损害赔偿解释》第二十一条第二款　……护理人员没有收入或者雇佣护工的，（护理费）参照当地护工从事同等级别护理的劳务报酬标准计算……

《国内航空运输承运人赔偿责任限额规定》第三条第一款　国内航空运输承运人（以下简称承运人）应当在下列规定的赔偿责任限额内按照实际损害承担赔偿责任，但是《民用航空法》另有规定的除外：（一）对每名旅客的赔偿责任限额为人民币40万元。

《铁路交通事故应急救援和调查处理条例》第三十三条　事故造成铁路旅客人身伤亡和自带行李损失的，铁路运输企业对每名铁路旅客人身伤亡的赔偿责任限额为人民币15万元……

20. 侵权行为发生后，受害人交通费应如何赔偿？

【解答】

关于交通费的赔偿问题，我国《民法通则》虽然并没有作出明确规定，但《人身损害赔偿解释》第十七条规定："受害人遭受人身损害，因就医治疗支出的各项费用以及因误工减少的收入，包括医疗费、误工费、护理费、交通费、住宿费、住院伙食补助费、必要的营养费，赔偿义务人应当予以赔偿。"依照侵权行为法的基本原理，侵权人对于受害人因侵权所遭受的损失均应予以赔偿。对于直接损失，一般采取完全赔偿的方法，受害人直接损失了多少，侵权人就应当赔偿多少，只是在受害人的损失无法查实证明的情况下，才采取定型化的赔偿方法。对于交通费用的赔偿，亦属于受害人的直接损失，但是从现行的法律规定来看，交通费用的赔偿却并没有依照医疗费、误工费等费用的处理方法，而是对赔偿条件作出了更为严格的限制。只有受害人和必要的陪护人员支出的交通费才有可能获得赔偿。对应当赔偿的交通费的认定条件也较为严格，只有就医、转院两项支出交通费才可能获得赔付。受害人还应提供支付交通费的正式凭证并与就医地点、时间、人数、次数相吻合。之所以对交通费进行如此严格的规定，主要原因还是在于根据现有的经济社会发展条件，全面放开交通费的支付标准条件尚不成熟，有待于经济的进一步发展和社会的进步。

【法律依据】

《人身损害赔偿解释》第二十二条　交通费根据受害人及其必要的陪护人员因就医或者转院治疗实际发生的费用计算。交通费应当以正式票据为凭；有关凭据应当与就医地点、时间、人数、次数相符合。

21. 受害人收入状况不明的，误工费应如何计算？

【解答】

误工费根据受害人的误工时间和收入状况确定。误工时间根据受害人接受治疗的医疗机构出具的证明确定。受害人有固定收入的，误工费按照实际减少的收入计算。受害人无固定收入的，按照其最近三年的平均收入计算；受害人不能举证证明其最近三年的平均收入状况的，可以参照受诉法院所在地相同或者相近行业上一年度职工的平均工资计算。

【法律依据】

《人身损害赔偿解释》第二十条　误工费根据受害人的误工时间和收入状况确定。误工时间根据受害人接受治疗的医疗机构出具的证明确定。受害人因伤致残持续误工的，误工时间可以计算至定残日前一天。受害人有固定收入的，误工费按照实际减少的收入计算。受害人无固定收入的，按照其最近三年的平均收入计算；受害人不能举证证明其最近三年的平均收入状况的，可以参照受诉法院所在地相同或者相近行业上一年度职工的平均工资计算。

22. 护理人员因护理受害人而发生误工，其护理费应该怎么算？

【解答】

护理费根据护理人员的收入状况和护理人数、护理期限确定。护理人员有收入的，参照误工费的规定计算，护理期限应自受害人受到损害到恢复生活自理能力时止。

【法律依据】

《人身损害赔偿解释》第二十一条　护理费根据护理人员的收入状况和护理人数、护理期限确定。护理人员有收入的，参照误工费的规定计算；护理人员没有收入或者雇佣护工的，参照当地护工从事同等级别护理的劳务报酬标准计算。护理人员原则上为一人，但医疗机构或者鉴定机构有明确意见的，可以参照确定护理人员人数。护理期限应计算至受害人恢复生活自理能力时止。受害人因残疾不能恢复生活自理能力的，可以根据其年龄、健康状况等因素确定合理的护理期限，但最长不超过二十年。

23. 对于社会医疗保险机构垫付的医疗费，能否向侵权人主张追偿？

【解答】

社会医疗保险是国家通过立法强制实施的，不以营利为目的，由国家给予适当经济帮助和医疗服务的一种社会保障制度，属于政策性保险。医保的费用按规定由用人单位和职工个人共同缴纳。受害人因侵权行为受伤住院治疗，由社会保险机构为其支付部分医疗费用，是其履行缴纳保险费义务后才享有的权利，属于受害人投保后带来的收益。况且，医保提供的只是最基本的医疗保障，有一定的限额，该基金的使用会直接影响到受害人以后就医时的自付部分的比例，因此，医保支付的医疗费属于受害人的实际损失，不应从其主张的医疗费中扣除。在人身损害赔偿案件中，社会保险制度不能减轻侵权人的责任，而被侵权人也不能因侵权任的违法行为而获利，在有第三人侵权的情形下，基本医疗保险基金在发挥其救助功能后，可以向侵权人追偿。如果已经支付了医疗费的社会医疗保险机构没有参加诉讼，法院应当向其通知该案的诉讼情况，支持其行使追偿权。

【法律依据】

《社会保险法》第三十条　下列医疗费用不纳入基本医疗保险基金支付范围：(1)应当从工伤保险基金中支付的；(2)应当由第三人负担的；(3)应当由公共卫生负担的；(四)在境外就医的。医疗费用依法应当由第三人负担，第三人不支付或者无法确定第三人的，由基本医疗保险基金先行支付。基本医疗保险基金先行支付后，有权向第三人追偿。

24. 抚养人离婚时一次性支付了被抚养人生活费，抚养人意外身亡时，被抚养人能否向侵权人主张被抚养人生活费？

【解答】

离婚时关于子女生活费和教育费的协议或判决，不妨碍子女在必要时向父母任何一方提出超过协议或判决原定数额的合理要求。随着经济条件的变化，抚养费也可随时追加、变化，如果抚养人还健在，被抚养人有权利在必要时向抚养人提出超过协议原定数额的合理要求，这是婚姻法赋予子女对父母的法定权利。被抚养人尚未成年，当抚养人意外身亡时，依照法律规定被抚养人有权请求赔偿被抚养人生活费。虽然抚养人离婚时支付了抚养费，但法律并未规定在此情况下，被抚养人不再享有向赔偿义务人请求赔偿被抚养人生活费的权利。那么，若认定受害人已履行了负担被抚养人生活费和教育费的义务而免去赔偿义务方的责任，是缺乏法律依据的。

【法律依据】

《人身损害赔偿解释》第十七条第三款　受害人死亡的，赔偿义务人除应当根据抢救治疗情况赔偿本条第一款规定的相关费用外，还应当赔偿丧葬费、被扶养人生活费、死亡补偿费以及受害人亲属办理丧葬事宜支出的交通费、住宿费和误工损失等其他合理费用。

最高院《关于适用〈侵权责任法〉若干问题的通知》第四条　人民法院适用侵权责任法审理民事纠纷案件，如受害人有被抚养人的，应当依据《最高人民法院关于审理人身损害赔偿案件适用法律若干问题的解释》第二十八条的规定，将被抚养人生活费计入残疾赔偿金或死亡赔偿金。

25. 侵权行为至被侵权人残疾后，被侵权人起诉至法院因其他原因意外死亡的，残疾赔偿金的赔偿期限如何计算？

【解答】

侵权行为一旦发生，侵权人应当承担的民事责任已经确定，经过伤残等级或者劳动能力丧失程度的确定，残疾赔偿金已经固定。那么，残疾赔偿金根据受害人丧失劳动能力程度或者伤残等级，按照受诉法院所在地上一年度城镇居民人均可支配收入或者农村居民人均纯收入标准，自定残之日起按二十年计算。但六十周岁以上的，年龄每增加一岁减少一年；七十五周岁以上的，按五年计算。当被侵权人向法院起诉后，残疾赔偿金这种具有人身专属性的权利即转化为特定的财产权利，具有可继承性。

【法律依据】

《人身损害赔偿解释》第二十五条　残疾赔偿金根据受害人丧失劳动能力程度或者伤残等级，按照受诉法院所在地上一年度城镇居民人均可支配收入或者农村居民人均纯收入标准，自定残之日起按二十年计算。但六十周岁以上的，年龄每增加一岁减少一年；七十五周岁以上的，按五年计算。

26. 未成年学生在校内遭受人身损害，其法定代理人以自己名义提出精神损害赔偿的，应否支持？

【解答】

未成年学生在校内遭受人身损害，如未成年学生也存在过错，可根据双方过错程度适用过错相抵规则判处赔偿金。由于未成年学生的法定代理人不是伤害后果的直接承受者，在司法实践中，法院一般不支持受害人的近亲属对精神损害抚慰金的请求。

【法律依据】

《人身损害赔偿解释》第一条第一款　因生命、健康、身体遭受侵害，赔偿权利人起诉请求赔偿义务人赔偿财产损失和精神损害的，人民法院应予受理。

《人身损害赔偿解释》第十八条　受害人或者死者近亲属遭受精神损害，赔偿权利人向人民法院请求赔偿精神损害抚慰金的，适用《最高人民法院关于确定民事侵权精神损害赔偿责任若干问题的解释》予以确定。精神损害抚慰金的请求权，不得让与或者继承。但赔偿义务人已经以书面方式承诺给予金钱赔偿，或者赔偿权利人已经向人民法院起诉的除外。

《精神损害赔偿解释》第七条　自然人因侵权行为致死，或者自然人死亡后其人格或者遗体遭受侵害，死者的配偶、父母和子女向人民法院起诉请求赔偿精神损害的，列其配偶、父母和子女为原告；没有配偶、父母和子女的，可以由其他近亲属提起诉讼，列其他近亲属为原告。

《精神损害赔偿解释》第十一条　受害人对损害事实和损害后果的发生有过错的，可以根据其过错程度减轻或者免除侵权人的精神损害赔偿责任。

27. 学校发现学生行为具有危险性，但未采取必要措施的，如何认定学校的责任？

【解答】

未成年在校学生作为限制或无民事行为能力人，学校的教师或者其他工作人员在负有组织、管理未成年学生的职责期间，若发现学生行为具有危险性，比如在扫雪过程中学生之间嬉戏玩闹等，应及时劝阻制止，如果没有进行必要的管理、告诫或者制止的，学校应当依法承担相应的责任。

【法律依据】

《学生伤害事故处理办法》第九条第一款第十项　因下列情形之一造成的学生伤害事故，学校应当依法承担相应的责任：……(10)学校教师或者其他工作人员在负有组织、管理未成年学生的职责期间，发现学生行为具有危险性，但未进行必要的管理、告诫或者制止的。

28. 学校对在校学生是否有监护责任？

【解答】

未成年学生与学校等教育机构之间的关系，从本质上讲，是一种教育关系，不是基于民事法律规定和血缘关系形成的父母以及其他监护人与未成年学生之间的监护关系。根据《教育法》和《未成年人保护法》等法律、行政法规以及最高人民法 院有关司法解释的规定精神，学校等教育机构对未成年学生所负的是教育、管理和保护责任，而不是民事法律意义上的监护责任。学校的职责是对就读学生进行教育、管理，并非未成年学生的监护人。学生在校园学习、生活期间遭受人身损害，如学校存在未尽教育、管理职责之过错，且该过错与损害之间存在因果关系，则学校应当承担民事赔偿责任。如学生伤害事故非受外力作用，系其自主行为所致，行为为常人无法预见与控制，学校对事件的发生并无管理上的过失，则学校无过错，不应承担责任。监护人如果想将监护职责部分或者全部委托给学校，必须与学校达成明确的委托约定。没有明确的委托约定，不能推定学校已接受监护人的委托，对到校学习的未成年学生承担起部分或全部监护职责。

【法律依据】

《民法通则》第十六条　未成年人的父母是未成年人的监护人。未成年人的父母已经死亡或者没有监护能力的，由下列人员中有监护能力的人担任监护人：(1)祖父母、外祖父母；(2)兄、姐；(3)关系密切的其他亲属、朋友愿意承担监护责任，经未成年人的父、母的所在单位或者未成年人住所地的居民委员会、村民委员会同意的。

《民法通则》第一百零六条　公民、法人违反合同或者不履行其他义务的，应当承担民事责任。

《民通意见》第二十二条　监护人可以将监护职责部分或者全部委托给他人。因被监护人的侵权行为需要承担民事责任的，应当由监护人承担，但另有约定的除外；被委托人确有过错的，负连带责任。

29. 学校违规处罚导致学生伤害事故的，如何认定学校的责任？

【解答】

中小学生系未成年人，其心理发育并未成熟，对于外界刺激的承受能力有限，学生之间的个体差异也比较大。学校作为教育机构，在处分学生时应当充分考虑学生的心理承受能力，在处分的同时做好教育、疏导工作。从根本上讲，对学生的处分也是教育手段，而不是简单的惩罚。只有在充分考虑受处分学生的心理素质，针对其实际情况进行教育、疏导的基础上，处分手段才能真正发挥教育作用。才能避免可能发生的悲剧。如果学校在处分过程中，仅仅为了追求惩戒的时效性，没有充分考虑学生的心理承受能力，且没有按照规定及时与家长进行沟通，使家长没有机会对学生进行有针对性的引导和教育，学校则对造成学生发生伤害事故具有过错，应当认定学校的违规行为与学生的伤害事故具有一定的因果关系，学校应当依法承担与其过错相应的赔偿责任。

【法律依据】

《学生伤害事故处理办法》第九条第一款第九项　因下列情形之一造成的学生伤害事故，学校应当依法承担相应的责任：(9)学校教师或者其他工作人员体罚或者变相体罚学生，或者在履行职责过程中违反工作要求、操作规程、职业道德或者其他有关规定的。

《中小学德育工作规程》第二十七条　中小学校应当严肃校纪。对严重违犯学校纪律，屡教不改的学生应当根据其所犯错误的程度给予批评教育或者纪律处分，并将处分情况通知学生家长。受处分学生已改正错误的，要及时撤销其处分。

30. 学生在企业实习过程中受到伤害，学校和企业如何承担责任？

【解答】

学生基于学校的安排到校外企业实习是学校教学内容的延伸和扩展，学校和企业都负有一定的安全教育和管理义务。学生在校外企业实习期间进行与其所学知识内容相关的实际操作，不应认定学生与企业之间存在劳动关系。学生在实习过程中受到的伤害，应按一般民事侵权纠纷处理，根据有关侵权的法律规定，由学生、学校、企业按过错程度承担相应的责任。

【法律依据】

《民法通则》第一百一十九条　侵害公民身体造成伤害的，

应当赔偿医疗费、因误工减少的收入、残废者生活补助费等费用；造成死亡的，并应当支付丧葬费、死者生前扶养的人必要的生活费等费用。

31. 因燃放烟花爆竹造成他人损害的，如何认定生产者的责任？

【解答】

产品缺陷是指产品存在危及人身、他人财产安全的不合理的危险。产品有保障人体健康、人身、财产安全的国家标准、行业标准的，是指不符合该标准。该烟花产品经具有国家相应资质的质检中心检验后，若认定存在产品缺陷，造成了他人损害，被侵权人可以向产品的生产者请求赔偿，也可以向产品的销售者请求赔偿。产品由生产者造成的，销售者赔偿后，有权向生产者追偿。因销售者的过错使产品存在缺陷的，生产者赔偿后，有权向销售者追偿

【法律依据】

《产品质量法》第四十一条第一款　因产品存在缺陷造成人身、缺陷产品以外的其他财产(以下简称他人财产)损害的，生产者应当承担赔偿责任。

《产品质量法》第四十二条　由于销售者的过错使产品存在缺陷，造成人身、他人财产损害的，销售者应当承担赔偿责任。销售者不能指明缺陷产品的生产者也不能指明缺陷产品的供货者的，销售者应当承担赔偿责任。

《产品质量法》第四十三条　因产品存在缺陷造成人身、他

人财产损害的，受害人可以向产品的生产者要求赔偿，也可以向产品的销售者要求赔偿。属于产品的生产者的责任，产品的销售者赔偿的，产品的销售者有权向产品的生产者追偿。属于产品的销售者的责任，产品的生产者赔偿的，产品的生产者有权向产品的销售者追偿。

《侵权责任法》第四十三条　因产品存在缺陷造成损害的，被侵权人可以向产品的生产者请求赔偿，也可以向产品的销售者请求赔偿。产品缺陷由生产者造成的，销售者赔偿后，有权向生产者追偿。因销售者的过错使产品存在缺陷的，生产者赔偿后，有权向销售者追偿。

32. 地铁上摔倒受伤，住院后突发呼吸困难致死，地铁运营公司的责任如何认定？

【解答】

公民享有生命健康权，从事高空、高压、易燃、易爆、剧毒、放射性、高速运输工具等对周围环境有高度危险的作业造成他人损害的，应当承担民事责任；如果能够证明损害是由受害人故意造成的，不承担民事责任。地铁属于高速轨道运输工具，在归责原则上适用无过错责任原则。若地铁公司未能举证证明受害人对于其摔倒存在故意以免除自己的赔偿责任，也不能证明受害人对于摔倒存在过失以减轻自己的赔偿责任，那么地铁公司应对受害人在车厢内摔倒致损的结果承担全部赔偿责任。

对于受害人的死亡，应由专业的鉴定机构对地铁公司的侵权行为和受害人的死亡结果之间的因果关系作出死亡分析鉴定，经法院综合考量认定地铁公司是否应承担死亡赔偿责任以及承担责任的比例。

【法律依据】

《侵权责任法》第七十三条　从事高空、高压、地下挖掘活动或者使用高速轨道运输工具造成他人损害的，经营者应当承担侵权责任，但能够证明损害是因受害人故意或者不可抗力造成的，不承担责任。被侵权人对损害的发生有过失的，可以减轻经营者的责任。

33. 建筑物倒塌致人损害，如何认定所有人和管理人的责任？

【解答】

建筑工程致人损害，工程存在多个施工方，管理责任约定不明的，应推定多个施工方为共同管理人，承担连带赔偿责任。

【法律依据】

《民法通则》第一百二十六条　建筑物或者其他设施以及建筑物上的搁置物、悬挂物发生倒塌、脱落、坠落造成他人损害的，它的所有人或者管理人应当承担民事责任，但能够证明自己没有过错的除外。

《侵权责任法》第八十五条　建筑物、构筑物或者其他设施及其搁置物、悬挂物发生脱落、坠落造成他人损害，所有人、管理人或者使用人不能证明自己没有过错的，应当承担侵权责任。所有人、管理人或者使用人赔偿后，有其他责任人的，有权向其他责任人追偿。

34. 高压输电线路致人损害，应承担责任的为供电方还是用电方？

【解答】

在高压输电线路致人损害事故中，发生电击伤亡的危险源不是输电线路，而是线路中的高压电能，因此法律规定高压输电线路致人损害，由经营人承担赔偿责任，而不论发生电击事故的输电线路的产权归属。即在高压输电线路致人损害事故中，应承担责任的“经营者”为“从事高压活动”的经营者，即供电方，而不是使用高压电进行其他经营活动的用电方。

高压输电线路的产权人，应对供电各项设施进行有效的维护管理。如未能尽到高度注意义务，尽心维护其电力设备，如未在高压输电线路附近设置危险警示标志，对事故的发生亦存在过错，应承担相应的侵权责任。

【法律依据】

《侵权责任法》第七十三条　从事高空、高压、地下挖掘活动或者使用高速轨道运输工具造成他人损害的，经营者应当承担侵权责任，但能够证明损害是因受害人故意或者不可抗力造成的，不承担责任。被侵权人对损害的发生有过失的，可以减轻经营者的责任。

35. 高度危险责任中，如何界定作为侵权责任承担主体的经营者？

【解答】

作为承担法律责任的主体经营者，是指对从事高空、高压、地下挖掘活动或者高速轨道运输工具享有运行支配和运行利益的人，即对高度危险作业的设备拥有支配权并享受运行利益的为经营者。从事高空活动造成他人损害的，承担责任的主体“经营者”就是从事高空作业的作业人。使用高压容器造成损害的，经营者就是高压容器的使用者。高压电造成损害的，作为责任主体的经营者则依具体情况而定：在发电企业内的高压设备造成损害的，责任主体就是发电企业；高压输电线路造成损害的，责任主体就是输电企业，在我国主要是电网公司。在工厂内高压电力生产设备造成损害的，责任主体就是该工厂的经营者。使用高速轨道运输工具造成他人损害的，承担责任的主体“经营者”就是从事高速轨道运输的运输企业。

【法律依据】

《侵权责任法》第七十三条　从事高空、高压、地下挖掘活动或者使用高速轨道运输工具造成他人损害的，经营者应当承担侵权责任，但能够证明损害是因受害人故意或者不可抗力造成的，不承担责任。被侵权人对损害的发生有过失的，可以减轻经营者的责任。

36. 员工在执行工作任务期间造成他人损害的，责任如何承担？

【解答】

用人单位对工作人员因工作造成他人损害的，承担无过错责任。用人单位承担责任的前提是工作人员的行为构成了侵权。即只有工作人员的行为符合法律规定的侵权行为构成要件，用人单位才对该侵权行为对外承担无过错责任。

其中，“用人单位”包括企业、事业单位、国家机关、社会团体等，也包括个体经济组织等。“工作人员”包括用人单位的正式员工，也应当包括临时在单位工作的员工。工作人员的行为与“执行工作任务”有关，即工作人员应当按照用人单位的授权或者指示进行工作。

需要指出的是，国家机关以及工作人员因工作造成他人损害的，一类属于履行公职权的行为；另一类不属于履行公职权的行为，是国家机关为了维持自身正常运转所进行的民事行为。侵权责任法调整的是国家机关及工作人员在民事活动中发生的侵权行为，而属于国家赔偿法调整范围的则适用国家赔偿法的规定。侵权责任法没有规定用人单位承担侵权责任后，是否可以向工作人员追偿，但这不影响用人单位依照法律规定或双方约定行使追偿权。

【法律依据】

《侵权责任法》第三十四条第一款 用人单位的工作人员因执行工作任务造成他人损害的，由用人单位承担侵权责任。

《民法通则》第四十三条 企业法人对它的法定代表人和其

他工作人员的经营活动，承担民事责任。

《民法通则》第一百二十一条　国家机关或者国家机关工作人员在执行职务中，侵犯公民、法人的合法权益造成损害的，应当承担民事责任。

37. 劳务派遣期间，被派遣的工作人员在执行工作任务期间造成他人损害的，责任如何承担？

【解答】

劳务派遣是指劳动派遣机构与员工签订劳务派遣合同后，将工作人员派遣到用工单位工作。劳务派遣的主要特点就是员工的雇用和使用分离。劳务派遣单位虽然与被派遣的员工签订了劳动合同，但不对其进行使用和具体管理；在劳务派遣期间，被派遣的工作人员接受用工单位的指示和管理，由用工单位为其提供相应的劳动条件和劳动保护。所以，被派遣的工作人员因工作造成他人损害的，其责任应当由用工单位承担。劳务派遣单位在派遣工作人员方面存在过错的，应当承担相应的责任。《侵权责任法》没有规定用工单位对外承担了赔偿责任后，能否向有过错的劳务派遣单位追偿。在用工单位对外承担全部赔偿责任的情况下，应当允许用工单位向有过错的劳务派遣单位进行追偿；但如果劳务派遣单位已经对被侵权人承担了与其过错相应的补充责任，则用工单位不能再对劳务派遣单位行使追偿权。

【法律依据】

《侵权责任法》第三十四条第二款　劳务派遣期间，被派遣的工作人员因执行工作任务造成他人损害的，由接受劳务派遣的用工单位承担侵权责任；劳务派遣单位有过错的，承担相应的补充责任。

38. 在个人劳务关系中发生人身损害，责任应如何承担？

【解答】

劳务关系是指提供劳务一方为接受劳务一方提供劳务服务，向接受劳务一方按照约定收取报酬而建立的一种民事权利义务关系。劳务关系的建立可以采取书面形式，也可以采取口头或其他形式。提供劳务一方因劳务造成他人损害的，与接受劳务一方承担侵权责任。提供劳务一方因劳务自己受到伤害的，根据双方各自的过错承担相应的责任。

【法律依据】

《侵权责任法》第三十五条　个人之间形成劳务关系，提供劳务一方因劳务造成他人损害的，由接受劳务一方承担侵权责任。提供劳务一方因劳务自己受到损害的，根据双方各自的过错承担相应的责任。

39. 无民事行为能力人或者限制民事行为能力人受到幼儿园、学校或者其他教育机构以外的人员人身损害的，应如何承担责任？

【解答】

无民事行为能力人或者限制民事行为能力人受到幼儿园、学校或者其他教育机构以外的人员人身损害的，首先由第三人承担侵权责任，在无法找到第三人或者第三人没有能力全部承担侵权责任时，才由幼儿园、学校或者其他教育机构承担侵权责任。幼儿园、学校或者其他教育机构承担的补充责任是相应的补充责任。对于第三人没有承担的侵权责任，幼儿园、学校或者其他教育机构不是全部承担，而是在其未尽到安全保障义务的范围内承担，即根据幼儿园、学校或者其他教育机构未尽到的管理职责的程度来确定其应当承担的侵权责任的份额。

【法律依据】

《人身损害赔偿解释》第七条　对未成年人依法负有教育、管理、保护义务的学校、幼儿园或者其他教育机构，未尽职责范围内的相关义务致使未成年人遭受人身损害，或者未成年人致他人人身损害的，应当承担与其过错相应的赔偿责任。第三人侵权致未成年人遭受人身损害的，应当承担赔偿责任。学校、幼儿园等教育机构有过错的，应当承担相应的补充赔偿责任。

《侵权责任法》第四十条　无民事行为能力人或者限制民事行为能力人在幼儿园、学校或者其他教育机构学习、生活期间，受到幼儿园、学校或者其他教育机构以外的人员人身损害的，由侵权人承担侵权责任；幼儿园、学校或者其他教育机构未尽到管理职责的，承担相应的补充责任。

《学生伤害事故处理办法》第十一条　学校安排学生参加活动，因提供场地、设备、交通工具、食品及其他消费与服务的经营者，或者学校以外的活动组织者的过错造成的学生伤害事故，有过错的当事人应当依法承担相应的责任。

40. 因运输、仓储不当等原因造成产品存在缺陷，给他人造成损害的，应如何承担责任？

【解答】

产品在运输流通过程中，运输者、仓储者等应当按照有关规定和产品包装上标明的储藏、运输等标准进行储存、运输。如果运输者、仓储者等不按上述规定运输或老仓储，有可能造成产品缺陷。根据过错原则，行为人应当对因自己的过错产生的损害负赔偿责任。因此，运输者、仓储者等第三人导致产品缺陷造成他人损害的，应当承担赔偿责任。

【法律依据】

《侵权责任法》第四十四条　因运输者、仓储者等第三人的过错使产品存在缺陷，造成他人损害的，产品的生产者、销售者赔偿后，有权向第三人追偿。

《民法通则》第一百二十二条　因产品质量不合格造成他人财产、人身损害的，产品制造者、销售者应当依法承担民事责任。运输者、仓储者对此负有责任的，产品制造者、销售者有权要求赔偿损失。

41. 工伤赔偿中 1—4 级伤残不允许一次性赔偿，人身损害赔偿也是这样吗？

【解答】

一般在人身损害赔偿纠纷中，除了二次手术费等后续治疗费可以另行要求赔偿外，一般都是一次性解决赔偿问题，与伤残等级无关。

【法律依据】

《人身损害赔偿解释》第三十二条 超过确定的护理期限、辅助器具费给付年限或者残疾赔偿金给付年限，赔偿权利人向人民法院起诉请求继续给付护理费、辅助器具费或者残疾赔偿金的，人民法院应予受理。赔偿权利人确需继续护理、配制辅助器具，或者没有劳动能力和生活来源的，人民法院应当判令赔偿义务人继续给付相关费用五至十年。

《人身损害赔偿解释》第十九条第二款 医疗费的赔偿数额，按照一审法庭辩论终结前实际发生的数额确定。器官功能恢复训练所必要的康复费、适当的整容费以及其他后续治疗费，赔偿权利人可以待实际发生后另行起诉。但根据医疗证明或者鉴定结论确定必然发生的费用，可以与已经发生的医疗费一并予以赔偿。

42. 人身损害索赔的证据有哪些？

【解答】

一方当事人实施违法行为给对方造成了人身损害，受害人因此向人民法院提起诉讼，要求侵权人赔偿损害的案件，就是人身损害赔偿案件。原告提起此类诉讼，应向法院提供以下证据：(1)原告的损害与被告有因果关系的证明，即被告在何时何地为什么原因实施了何种违法行为给原告造成了什么样的后果的证明材料。(2)提供医院证明伤势的诊断书、病历卡、医药单据、包括医药费、治疗费、化验费等如致残的还必须有鉴定书。若转院治疗的，应提供医院同意转院或的确需要转院的证明。(3)要赔偿护理费、营养费的，应当提供主治医生开具的批准专人护理，需要补进营养等证明。(4)赔偿误工费的，应提供本人所在单位出具的因误工而减少的实际收入损失(包括减少的工资、奖金等)的证明，若无固定收入，按国家有关规定的标准计算。(5)赔偿交通费和住宿费，应提供汽车票、火车票、船票、飞机票、住宿费发票，出租车费一般不予赔偿。(6)其他还需要的证明和证据。

【法律依据】

《民事诉讼法》第六十三条　证据包括：(1)当事人的陈述；(2)书证；(3)物证；(4)视听资料；(5)电子数据；(6)证人证言；(7)鉴定意见；(8)勘验笔录。

《民事诉讼法》第六十四条　当事人对自己提出的主张，有责任提供证据。当事人及其诉讼代理人因客观原因不能自行收集的证据，或者人民法院认为审理案件需要的证据，人民法院应当调查收集。

《民事诉讼法》第六十五条　当事人对自己提出的主张应当及时提供证据。

43. 相约游泳致人死亡，邀约者是否承担责任？

【解答】

相约游泳致人溺亡，即使是限制民事行为能力人，对游泳行为的危险性也应当有充分的预见和认识，因此受害者自身应承担主要责任。游泳的提议者、主动邀约者有过错的，应当承担部分赔偿责任。父母作为监护人，未严格履行自己的监护职责，也应依法承担相应责任。

【法律依据】

《侵权责任法》第三十二条　无民事行为能力人、限制民事行为能力人造成他人损害的，由监护人承担侵权责任。监护人尽到监护责任的，可以减轻其侵权责任。有财产的无民事行为能力人、限制民事行为能力人造成他人损害的，从本人财产中支付赔偿费用。不足部分，由监护人赔偿。

《侵权责任法》第六条　行为人因过错侵害他人民事权益，应当承担侵权责任。

《侵权责任法》第二十六条　被侵权人对损害的发生也有过错的，可以减轻侵权人的责任。

44. 第三人侵权致劳动者损害，劳动者是否有权同时获得工伤保险赔偿和人身侵权赔偿？

【解答】

因用人单位以外的第三人侵权造成劳动者人身损害，构成工伤的，劳动者因工伤事故享有工伤保险赔偿请求权，因第三人侵权享有人身损害赔偿请求权。二者虽然基于同一损害事实，但存在于两个不同的法律关系之中，互不排斥。劳动者具有工伤事故中的受伤职工和人身侵权的受害人的双重主体身份，除医疗费外其有权获得双重赔偿。

【法律依据】

《湖北省工伤保险实施办法》第三十九条　……职工因第三人的原因导致工伤，工伤职工或者其近亲属可以按照有关规定索取民事赔偿。经办机构不得以工伤职工或者其近亲属已经对第三人提起民事诉讼为由，拒绝支付工伤保险待遇，但第三人已经支付的医疗费用除外。

《最高人民法院关于审理工伤保险行政案件若干问题的规定》第八条　职工因第三人的原因受到伤害，社会保险行政部门以职工或者其近亲属已经对第三人提起民事诉讼或者获得民事赔偿为由，作出不予受理工伤认定申请或者不予认定工伤决定的，人民法院不予支持。职工因第三人的原因受到伤害，社会保险行政部门已经作出工伤认定，职工或者其近亲属未对第三人提起民事诉讼或者尚未获得民事赔偿，起诉要求社会保险经办机构支付工伤保险待遇的，人民法院应予支持。职工因第三人的原因导致工伤，社会保险经办机构以职工或者其近亲属已经对第三人提起民事诉讼为由，拒绝支付工伤保险待遇的，人民法院不予支持，但第三人已经支付的医疗费用除外。

45. 旅游经营者对游客在自费项目中受到的损害是否承担责任？

【解答】

跨区域旅游一般会涉及将旅游者转至其他旅行社合并组团的

问题，但不管旅游经营者之间如何委托，只要旅游者在合同约定的旅游服务项目中遭受损害，即使该项目属自费项目，旅游经营者在没有尽到提示和救助义务的情况下，应当承担相应的赔偿责任。

【法律依据】

《合同法》第六十条　当事人应当按照约定全面履行自己的义务。

《合同法》第一百零七条　当事人一方不履行合同义务或者履行合同义务不符合约定的，应当承担继续履行、采取补救措施或者赔偿损失等违约责任。

《最高人民法院关于审理旅游纠纷案件适用法律若干问题的规定》第八条　旅游经营者、旅游辅助服务者对可能危及旅游者人身、财产安全的旅游项目未履行告知、警示义务，造成旅游者人身损害、财产损失，旅游者请求旅游经营者、旅游辅助服务者承担责任的，人民法院应予支持。

第十五条　签订旅游合同的旅游经营者将其部分旅游业务委托旅游目的地的旅游经营者，因受托方未尽旅游合同义务，旅游者在旅游过程中受到损害，要求作出委托的旅游经营者承担赔偿责任的，人民法院应予支持。

第十九条　旅游者在自行安排活动期间遭受人身损害、财产损失，旅游经营者未尽到必要的提示义务、救助义务，旅游者请求旅游经营者承担相应责任的，人民法院应予支持。

46. 旅游中的冒险行为致游客损害，如何认定旅游公司的责任？

【解答】

旅游服务机构及其导游对自然风险的防患意识应当高于游客，且负有保障游客安全的责任，应以游客安全为第一为宗旨，依诚实信用原则并结合当时的具体情况对是否调整行程作出正确判断。导游不顾客观存在的危险，坚持带游客冒险游玩，致游客身处险境，并实际导致损害结果发生的，其所属的旅游服务机构应当承担相应的民事责任；游客遇险或者受到伤害后，相关旅游服务机构应当尽最大努力及时给予救助，旅游服务机构未尽到救助义务，导致损害结果扩大的，应当承担相应的民事责任。

【法律依据】

《最高人民法院关于审理旅游纠纷案件适用法律若干问题的规定》第十九条　旅游者在自行安排活动期间遭受人身损害、财产损失，旅游经营者未尽到必要的提示义务、救助义务，旅游者请求旅游经营者承担相应责任的，人民法院应予支持。

第八条　旅游经营者、旅游辅助服务者对可能危及旅游者人身、财产安全的旅游项目未履行告知、警示义务，造成旅游者人身损害、财产损失，旅游者请求旅游经营者、旅游辅助服务者承担责任的，人民法院应予支持。旅游者未按旅游经营者、旅游辅助服务者的要求提供与旅游活动相关的个人健康信息并履行如实告知义务，或者不听从旅游经营者、旅游辅助服务者的告知、警示，参加不适合自身条件的旅游活动，导致旅游过程中出现人身损害、财产损失，旅游者请求旅游经营者、旅游辅助服务者承担责任的，人民法院不予支持。

47. 景区等公共场所的管理人或所有人的安全保障义务如何界定？

【解答】

我国法律规定了公共场所的管理人或所有人的安全保障义务。景区管理局要保证其设施设备的安全、有效，设置必要的标志牌和警示牌，及时消除安全隐患。与此同时，游客在旅游时也应当尽到一定的安全注意义务，否则将承担与其过错相对应的责任。作为一名理性的游客，应当遵守景区规定，听从景区服务者的指挥，不实施危险行为，避免陷自己于危险处境。

【法律依据】

《侵权责任法》第三十八条　宾馆、商场、银行、车站、娱乐场所等公共场所的管理人或者群众性活动的组织者，未尽到安全保障义务，造成他人损害的，应当承担侵权责任。

48. 因受动物惊吓受伤，动物饲养人是否承担侵权责任？

【解答】

饲养的动物致人损害，由动物的饲养人或者管理人承担侵权责任。只有在被侵权人存在故意或重大过失的情况下，才可免除或减轻侵权人的责任。被侵权人本身的身体状况并不构成过失。

【法律依据】

《侵权责任法》第七十八条　饲养的动物造成他人损害的，动物饲养人或者管理人应当承担侵权责任，但能够证明损害是因被侵权人故意或者重大过失造成的，可以不承担或者减轻责任。

49. 在公共场所放任动物自由行动致人损害，如何认定动物饲养人的责任？

【解答】

由于饲养的动物无理智可言，其在公共场所的出现，本身就具有可能给不特定的社会公众造成一定损害的危险性，而要防止这一危险源可能给社会公众造成的损害，就必须由饲养人或者管理人通过主动、积极和有效的方式对该动物进行管理、约束和控制，防患于未然，尽量杜绝这一危险源可能造成的损害，保障不特定多数的社会公众的合法权益。比如在公共场所遛狗时，没有采取主动、积极和有效的方式方法对狗进行管理、约束和控制，而是放任狗自由行动，狗致人伤害，其饲养人应当承担全部赔偿责任。

【法律依据】

《侵权责任法》第六条第一款　行为人因过错侵害他人民事权益，应当承担侵权责任。

《侵权责任法》第七十八条　饲养的动物造成他人损害的，动物饲养人或者管理人应当承担侵权责任，但能够证明损害是因被侵权人故意或者重大过失造成的，可以不承担或者减轻责任。

50. 侵权行为为雇员个人行为的，雇主是否承担责任？

【解答】

雇员因个人原因致人损害，该损害并非执行工作任务造成，而是个人行为，应由行为人自己承担赔偿责任。

【法律依据】

《侵权责任法》第三十四条　用人单位的工作人员因执行工作任务造成他人损害的，由用人单位承担侵权责任。

51. 因同一侵权行为造成多人死亡的，各被侵权人的死亡赔偿金如何确定？

【解答】

因同一侵权行为造成多人死亡的，可以以相同数额确定死亡赔偿金，若分别计算死亡赔偿金较为容易，也可以分别计算。司法实践中，法官可以根据具体案情，综合考虑各种因素后决定。死亡赔偿金以相同数额确定的。对死者在死亡前产生的医疗费、护理费等合理费用支出以及丧葬费支出，宜根据实际支出情况单独计算，损失多少，赔偿多少。

【法律依据】

《侵权责任法》第十七条　因同一侵权行为造成多人死亡的，可以以相同数额确定死亡赔偿金。

52. 被侵权人死亡后，谁可以请求赔偿?

【解答】

被侵权人死亡后，其近亲属有权请求侵权人承担侵权责任。原则上请求权人应是与受害人有紧密联系的近亲属，或者依靠受害人生活的近亲属，如受害人生前扶养的子女、父母等。

【法律依据】

《侵权责任法》第十八条　被侵权人死亡的，其近亲属有权请求侵权人承担侵权责任……

53. 人身损害赔偿纠纷中涉及未成年人的，如何确定其监护人?

【解答】

未成年人的监护人按照以下顺序确定：第一顺序为未成年人的父母。第二顺序包括未成年人的祖父母、外祖父母；兄、姐；关系密切的其他亲属或者愿意承担监护责任的朋友。第三顺序包括未成年人父亲或母亲的所在单位，未成年人住所地的居民委员会、村民委员会以及民政部门。

【法律依据】

《民法通则》第十六条　未成年人的父母是未成年人的监护人。未成年人的父母已经死亡或者没有监护能力的，由下列人员中有监护能力的人担任监护人：(1)祖父母、外祖父母；(2)兄、姐；(3)关系密切的其他亲属、朋友愿意承担监护责任，经未成年人的父、母的所在单位或者未成年人住所地的居民委员会、村民委员会同意的。

54. 人身损害赔偿纠纷中涉及精神病人的，如何确定其监护人？

【解答】

无民事行为能力或者限制民事行为能力的精神病人的监护人按照以下顺序确定：第一顺序为配偶、父母、成年子女及其他近亲属，关系密切的其他亲属或者朋友。第二顺序包括精神病人的所在单位或者住所地的居民委员会、村民委员会或者民政部门。

【法律依据】

《民法通则》第十七条　无民事行为能力或者限制民事行为能力的精神病人，由下列人员担任监护人：(1)配偶；(2)父母；(3)成年子女；(4)其他近亲属；(5)关系密切的其他亲属、朋友愿意承担监护责任，经精神病人的所在单位或者住所地的居民委员会、村民委员会同意的。

55. 人身损害赔偿纠纷中，监护人的责任应如何承担？

【解答】

公民的民事行为能力依据其年龄和精神健康状况分为完全民事行为能力、限制民事行为能力和无民事行为能力。无民事行为能力人、限制民事行为能力人造成他人损害的，由监护人承担侵权责任。监护人尽到监护责任的，可以减轻其侵权责任。有财产的无民事行为能力人、限制民事行为能力人造成他人损害的，从本人财产中支付赔偿费用。不足部分，由监护人赔偿。

【法律依据】

《侵权责任法》第三十二条　无民事行为能力人、限制民事行为能力人造成他人损害的，由监护人承担侵权责任。监护人尽到监护责任的，可以减轻其侵权责任。有财产的无民事行为能力人、限制民事行为能力人造成他人损害的，从本人财产中支付赔偿费用。不足部分，由监护人赔偿。

56. 某人患有心脏病需每天服药，医生禁止其骑自行车外出，但该人未按医嘱服药并骑车外出，结果途中心脏病发作，丧失意识后摔倒并撞伤一行人，该患者应否承担侵权责任？

【解答】

该侵权人虽然是在心脏病发作丧失意识的情形下摔倒并撞伤

他人的，但其作为完全民事行为能力人，未按医嘱服药并骑车外出，对于其自身丧失意识存在过错，此种情况下，侵权人应当根据其过错承担赔偿责任。

【法律依据】

《侵权责任法》第三十三条　完全民事行为能力人对自己的行为暂时没有意识或者失去控制造成他人损害有过错的，应当承担侵权责任……

57. 李甲梦游时伤害了张乙致其损伤，李甲应当对张乙承担赔偿责任吗？

【解答】

梦游时没有主观的意思表示，对自己的行为是无意识的，如有充分的证据证明李甲伤害张乙是确实在梦游，其对自己的行为暂时没有意识或者失去控制是没有过错的，在此情况下，李甲可以不承担侵权责任，但需要根据公平分担的规定，适当分担张乙的损失。

【法律依据】

《侵权责任法》第三十三条　完全民事行为能力人对自己的行为暂时没有意识或者失去控制造成他人损害有过错的，应当承担侵权责任；没有过错的，根据行为人的经济状况对受害人适当补偿。

58. 李甲醉酒后与人发生争执，打伤了张乙，李甲应否对张乙承担赔偿责任？

【解答】

虽然侵权行为发生时，行为人已经丧失意识，似乎没有过错可言，但其行为本身与一般过错相比具有违法性，且危害性较大，应当对此发生的侵权行为承担赔偿责任

【法律依据】

《侵权责任法》第三十三条第二款　完全民事行为能力人因醉酒、滥用麻醉药品或者精神药品对自己的行为暂时没有意识或者失去控制造成他人损害的，应当承担侵权责任。

59. 因无法确定侵权行为人的共同危险行为而遭受损害，由谁承担责任？

【解答】

二人以上共同实施危及他人人身、财产安全的行为，其中数人的行为造成他人损害，不能确定具体侵权人的，应由各行为人承担连带责任。受害人有权请求部分或者全部连带责任人承担责任。

【法律依据】

《侵权责任法》第十条　二人以上实施危及他人人身、财产

安全的行为，其中一人或者数人的行为造成他人损害，能够确定具体侵权人的，由侵权人承担责任；不能确定具体侵权人的，行为人承担连带责任。

《侵权责任法》第十一条 二人以上分别实施侵权行为造成同一损害，每个人的侵权行为都足以造成全部损害的，行为人承担连带责任。

60. 什么叫做医疗事故？分为哪些级别？

【解答】

医疗事故，是指医疗机构及其医务人员在医疗活动中，违反医疗卫生管理法律、行政法规、部门规章和诊疗护理规范、常规，过失造成患者人身损害的事故。确定是否为医疗事故目前需要医疗事故鉴定委员会鉴定才能认定。根据对患者人身造成的损害程度，医疗事故由重到轻分为四级：一级医疗事故：造成患者死亡、重度残疾的；二级医疗事故：造成患者中度残疾、器官组织损伤导致严重功能障碍的；三级医疗事故：造成患者轻度残疾、器官组织损伤导致一般功能障碍的；四级医疗事故：造成患者明显人身损害的其他后果的。具体分级标准由国务院卫生行政部门制定。

【法律依据】

《医疗事故处理条例》第二条 本条例所称医疗事故，是指医疗机构及其医务人员在医疗活动中，违反医疗卫生管理法律、行政法规、部门规章和诊疗护理规范、常规，过失造成患者人身损害的事故。

《医疗事故处理条例》第四条　根据对患者人身造成的损害程度，医疗事故分为四级：一级医疗事故：造成患者死亡、重度残疾的；二级医疗事故：造成患者中度残疾、器官组织损伤导致严重功能障碍的；三级医疗事故：造成患者轻度残疾、器官组织损伤导致一般功能障碍的；四级医疗事故：造成患者明显人身损害的其他后果的。具体分级标准由国务院卫生行政部门制定。

61. 患者在诊疗活动或医疗美容过程中遭受人身损害的，如何界定诊疗活动和医疗美容?

【解答】

诊疗活动，包括诊断、治疗、护理等环节，根据有关规定，诊疗活动是指通过各种检查，使用药物、器械及手术等方法，对疾病作出判断和消除疾病、缓解病情、减轻痛苦、改善功能、延长生命、帮助患者恢复健康的活动。医疗美容，是指使用药物以及手术、物理和其他损伤性或者侵入性手段进行的美容。

【法律依据】

《医疗机构管理条例实施细则》第八十八条　诊疗活动：是指通过各种检查，使用药物、器械及手术等方法，对疾病作出判断和消除疾病、缓解病情、减轻痛苦、改善功能、延长生命、帮助患者恢复健康的活动。医疗美容：是指使用药物以及手术、物理和其他损伤性或者侵入性手段进行的美容。

62. 发生医疗损害情形时，医疗机构如何承担赔偿责任？

【解答】

对于医疗损害责任，一般适用过错责任归责原则，即医疗机构及其医务人员有过错的，医疗机构才承担赔偿责任，只有在法定的特殊情况下，才适用过错推定责任原则，发生举证责任倒置。推定医疗机构有过错，并非当然认定医疗机构有过错，即医疗机构可以提出相反证据证明自己没有过错。

【法律依据】

《侵权责任法》第五十四条　患者在诊疗活动中受到损害，医疗机构及其医务人员有过错的，由医疗机构承担赔偿责任。

《侵权责任法》第五十八条　患者有损害，因下列情形之一的，推定医疗机构有过错：(1)违反法律、行政法规、规章以及其他有关诊疗规范的规定；(2)隐匿或者拒绝提供与纠纷有关的病历资料；(3)伪造、篡改或者销毁病历资料。

63. 患者遭受医疗损害的，哪些情形下可以推定医疗机构有过错？

【解答】

患者有损害，因下列情形之一的，推定医疗机构有过错：违反法律、行政法规、规章以及其他有关诊疗规范的规定；隐匿或者拒绝提供与纠纷有关的病历资料；伪造、篡改或者销毁病历资料。后两种情形一方面反映了医疗机构的恶意，另一方面是患者难以取得与医疗纠纷有关的证据资料，此时再让患者举证已不合理。因此，推定医疗机构有过错。

【法律依据】

《侵权责任法》第五十八条　患者有损害，因下列情形之一的，推定医疗机构有过错：(1) 违反法律、行政法规、规章以及其他有关诊疗规范的规定；(2) 隐匿或者拒绝提供与纠纷有关的病历资料；(3) 伪造、篡改或者销毁病历资料。

64. 患者遭受医疗损害的，哪些情形下医疗机构不承担责任？

【解答】

以下三种情形下，医疗机构免责：

第一，患者或者其近亲属不配合医疗机构进行符合诊疗规范的诊疗。实践中患者一方不配合诊疗的行为可以分为两类：一是患者囿于其医疗知识水平的局限而对医疗机构采取的诊疗措施难以建立正确的理解，从而导致其不遵医嘱、错误用药等与诊疗措施不相配合的现象；二是患者一方主观上具有过错，包括故意和过失。以上两种情况，医务人员已经合理尽到说明告知义务，且采取的诊疗措施并无不当，医疗机构不承担赔偿责任。

第二，医务人员在抢救生命垂危的患者等紧急情况下已经尽到合理诊疗义务。根据现行的诊疗规范，紧急情况下合理的诊疗义务包括如下方面：一是对患者伤病的准确诊断；二是治疗措施的合理、适当；三是谨慎履行说明告知义务；四是将紧急救治措施对患者造成的损害控制在合理限度之内。

第三，限于当时的医疗水平难以诊疗的。现代医学技术水平的发展具有局限性，法律对医务人员采取的诊疗行为是否存在过错的判断，只能基于当时的医学科学本身的发展。

【法律依据】

《侵权责任法》第六十条　患者有损害，因下列情形之一的，医疗机构不承担赔偿责任：(1)患者或者其近亲属不配合医疗机构进行符合诊疗规范的诊疗；(2)医务人员在抢救生命垂危的患者等紧急情况下已经尽到合理诊疗义务；(3)限于当时的医疗水平难以诊疗。前款第一项情形中，医疗机构及其医务人员也有过错的，应当承担相应的赔偿责任。

65. 李甲骑车经过未完全限制通行且无安全警示牌的施工路段时，被路中一块临时充当井盖的钢板绊倒受伤，李甲的损伤由谁承担？

【解答】

该路段因建设施工属于限制通行道路，但并非完全限制通行，作为建设工程承建方，虽然不能决定道路的通行与否，但在明知道路未完全限制通行的情况下施工，仍应当提供限制通行的条件，而其只是临时用钢板充当井盖板，且未按规定设置明显安全警示标志，与李甲的损伤具有直接的因果关系，当然，李甲作为驾驶人负有安全驾驶的义务，应当注意路面情况，由于其未尽注意义务，造成自身受伤，也具有一定过错，应承担一定责任。

【法律依据】

《侵权责任法》第九十一条　在公共场所或者道路上挖坑、修缮安装地下设施等，没有设置明显标志和采取安全措施造成他人损害的，施工人应当承担侵权责任。窨井等地下设施造成他人损害，管理人不能证明尽到管理职责的，应当承担侵权责任。

66. 李甲跨越广场上严重受损甚至紧贴地面的铁链围栏时，被铁链绊倒受伤，广场管理者是否应承担责任？

【解答】

作为广场市政设施的管理者，广场铁链围栏严重破损，客观上存在安全隐患。即使铁链围栏属于路障，那么就应该设置禁止行人跨越铁链围栏的警示标志。广场铁链围栏的管理者，并没有设置禁止行人跨越铁链围栏的警示标志。其对广场市政设施的管理明显存在疏漏，对李甲因铁链围栏绊倒受伤的后果应当承担相应的民事责任。李甲系完全民事行为能力人，因自身疏忽也应承担相应的责任。

【法律依据】

《民法通则》第一百二十六条　建筑物或者其他设施以及建筑物上的搁置物、悬挂物发生倒塌、脱落、坠落造成他人损害的，它的所有人或者管理人应当承担民事责任，但能够证明自己没有过错的除外。

《侵权责任法》第二十六条　被侵权人对损害的发生也有过错的，可以减轻侵权人的责任。

67. 暴风雨导致临时建造的施工围墙倒塌，将旁边供工人临时休息的窝棚压垮致工人受伤，建设方是否承担责任？

【解答】

围墙倒塌虽然是因为出现暴风雨导致，但意外天气并不必然成为围墙倒塌的不可抗力，还要结合附近其他建筑受损情况及建筑物本身建造质量来认定能否适用不可抗力免责。若查明压垮窝棚的原因是由于围墙及简易窝棚的建造质量不符合法律规定，在恶劣天气情况下才导致事故发生，工程发包人和承包人对工棚和围墙怠于行使安全防范和安全管理义务，对于工人受伤的后果应承担连带责任。

【法律责任】

《侵权责任法》第八十六条　建筑物、构筑物或者其他设施倒塌造成他人损害的，由建设单位与施工单位承担连带责任。建设单位、施工单位赔偿后，有其他责任人的，有权向其他责任人追偿。因其他责任人的原因，建筑物、构筑物或者其他设施倒塌造成他人损害的，由其他责任人承担侵权责任。

68. 李甲承包村里的工程，在65岁的张乙家门前挖了一条不足一米宽的沟渠，张乙为出行便利在沟渠上搭建了一块木板，某日经过沟渠时因木板太滑跌入沟渠受伤，李甲应否承担该损害责任？

【解答】

李甲作为工程的施工方，未在施工现场设置明显标志和采取相应的安全措施，与张乙因木板太滑失足跌入沟渠受伤的结果具有直接因果关系，应当承担地面施工致害责任。该沟渠若是普通人可以一步跨过去，张乙应当可以预见到自身行动能力有限，其过于自信的过错行为是导致事故发生的次要原因，故张乙也应对自身的损伤承担一定责任。

【法律依据】

《侵权责任法》第九十一条第一款　在公共场所或者道路上挖坑、修缮安装地下设施等，没有设置明显标志和采取安全措施造成他人损害的，施工人应当承担侵权责任。

《侵权责任法》第二十六条　被侵权人对损害的发生也有过错的，可以减轻侵权人的责任。

《民事诉讼证据规定》第四条第一款第四项　建筑物或者其他设施以及建筑物上的搁置物、悬挂物发生倒塌、脱落、坠落致人损害的侵权诉讼，由所有人或者管理人对其无过错承担举证责任。

69. 周某经过一栋三层楼房时，被楼上抛下的啤酒瓶砸伤，但不知抛物人是谁，周某的损伤应由谁承担？

【解答】

首先应查明该建筑各层的实际使用人，因周某系经过该楼房时被抛掷物砸伤，但不能确定具体的加害人，那么该楼房二楼以上的住户均有可能导致周某受伤，如果楼上住户不能证明自己不是加害人，应由可能加害的建筑物使用人对周某给予补偿。

【法律依据】

《侵权责任法》第八十七条　从建筑物中抛掷物品或者从建筑物上坠落的物品造成他人损害，难以确定具体侵权人的，除能够证明自己不是侵权人的外，由可能加害的建筑物使用人给予补偿。

70. 超过保修期的建筑物外墙脱落致人损害，如何认定施工人的责任？

【解答】

保修期限是施工单位就建设工程质量问题进行无偿修理的期限，建筑物致人损害的赔偿责任的确定，不应适用保修期限的有关规定。虽然我国法律对建筑装修工程的合理使用年限没有明确规定，但不能就此确定，保修期即合理使用年限，也不能认定保修期满即合理使用年限届满。房屋各分项建设工程的合理使用年限，应当考虑房屋建筑属于可以长期使用的固定资产这一特性，符合社会公众对房屋合理使用年限的预期，并参照同类房屋分项工程普遍的、通常可以达到的实际使用年限来确定。在建设工程合理使用年限内，因工程质量缺陷造成他人损害的，施工单位应当承担赔偿责任。

【法律依据】

《侵权责任法》第八十五条　建筑物、构筑物或者其他设施及其搁置物、悬挂物发生脱落、坠落造成他人损害，所有人、管理人或者使用人不能证明自己没有过错的，应当承担侵权责任。所有人、管理人或者使用人赔偿后，有其他责任人的，有权向其他责任人追偿。

71. 李甲是一名儿童，在父母帮其购票后独自乘坐儿童游乐园里由张乙承包的电动小火车，后不慎被车轮轧伤左脚，李甲的损伤后果应由谁承担？

【解答】

李甲在其父母的带领下购票到儿童游乐园游玩，双方由此形成消费服务法律关系。作为娱乐场所的经营者儿童游乐园在提供游玩服务时，即使制定和张贴了游客须知，但李甲在乘坐小火车游玩时，经营方明知幼儿乘坐小火车必须由成人陪同却对李某单独乘坐小火车持放任态度未加以制止，并开动小火车最终造成李甲受伤的法律后果，故儿童游乐园理应承担赔偿责任。鉴于儿童游乐园有章不循，未尽安全注意义务，故应承担主要赔偿责任；李甲的父母未按规定陪同乘坐也是造成李甲受伤的原因之一，属监护不力应承担相应的过错责任，可适当减轻儿童游乐园的赔偿责任。儿童游乐园在行使赔偿义务后，可以根据其与张乙的承包合同向张乙追偿。

【法律依据】

《人身损害赔偿解释》第六条　从事住宿、餐饮、娱乐等经营活动或者其他社会活动的自然人、法人、其他组织，未尽合理限度范围内的安全保障义务致使他人遭受人身损害，赔偿权利人请求其承担相应赔偿责任的，人民法院应予支持。

《民法通则》第一百一十九条　侵害公民身体造成伤害的，应当赔偿医疗费、因误工减少的收入、残废者生活补助费等费用；造成死亡的，并应当支付丧葬费、死者生前扶养的人必要的生活费等费用。

《民法通则》第一百三十一条　受害人对于损害的发生也有过错的，可以减轻侵害人的民事责任。

《消费者权益保护法》第十一条　消费者因购买、使用商品或者接受服务受到人身、财产损害的，享有依法获得赔偿的权利。

《消费者权益保护法》第四十条第三款　消费者在接受服务时，其合法权益受到损害的，可以向服务者要求赔偿。

72. 游乐设施致人损害，如何认定为游乐设施提供场地的管理人的责任？

【解答】

游乐设施造成人身损害的，游乐设施的经营者应承担赔偿责任。受害者自身存在过错的，自负一定责任。为游乐设施提供场地的管理人，无证据证明其未尽安全保障义务的，不承担责任。

【法律依据】

《侵权责任法》第三十七条　宾馆、商场、银行、车站、娱乐场所等公共场所的管理人或者群众性活动的组织者，未尽到安全保障义务，造成他人损害的，应当承担侵权责任。因第三人的行为造成他人损害的，由第三人承担侵权责任；管理人或者组织者未尽到安全保障义务的，承担相应的补充责任。

《侵权责任法》第二十六条　被侵权人对损害的发生也有过错的，可以减轻侵权人的责任。

73. 大型商场自动扶梯致人损害，如何认定商场的侵权责任？

【解答】

大型商场是集购物、餐饮、娱乐于一体，以营利为目的的公共场所，其对消费者的安全保障义务应当重于非营利性场所如免费公园、图书馆等，尤其对未成年人这类特殊的消费群体，应当负有更加严格规范的安全保障义务。

商场除采取必要硬件措施防止损害发生外，还应当承担软件上的安全保障义务，悬挂提示牌等仅能表明商场尽到一定的注意义务，但如果还存在潜在危险性，其需要进一步采取措施保证消费者的安全。对场所内出现的各种危险情况，如发现小孩在扶梯上玩耍、站立或坐在扶手上、将头伸出等危险行为时，要及时制止劝阻并给与帮助，如果没有发现或者发现后未予理睬，都说明安全防范意识不强，安全管理措施执行不到位，商场应对自动扶梯致人损害承担赔偿责任。同时，作为成年人应当对注意事项有一定的认知和理解能力，对于未成人而言，对潜在危险应有相应程度的预见能力，其监护人没有尽到充分的监护职责，对损害的发生也应承担相应的责任。

【法律依据】

《侵权责任法》第三十七条　宾馆、商场、银行、车站、娱乐场所等公共场所的管理人或者群众性活动的组织者，未尽到安全保障义务，造成他人损害的，应当承担侵权责任。因第三人的行为造成他人损害的，由第三人承担侵权责任；管理人或者组织者未尽到安全保障义务的，承担相应的补充责任。

《侵权责任法》第二十六条　被侵权人对损害的发生也有过错的，可以减轻侵权人的责任。

74. 李甲骑二轮摩托车行驶在非机动车道上与一堆碎石碰撞，李甲倒地受伤，路管站称当天已对事发路段进行清扫巡查，那么李甲的损伤责任应由谁承担？

【解答】

李甲驾驶机动车违法通行，具有明显的过错，虽然事故路面堆放了石头，作为完全民事行为能力人，自身没有尽到安全驾驶的义务，具有重大过失，因此李甲自身的过错行为是事故发生的主要原因，与其受伤存在直接的因果关系。路管站作为事故路段的养护单位，负有及时清除妨碍交通的路障，保证路面正常通行的责任。虽然路管站当天对该路段进行了清扫巡查，但其在履行养护工作时存在瑕疵，仍需要根据其过错程度承担赔偿责任。

【法律依据】

《道路交通安全法》第二十二条第一款　机动车驾驶人应当遵守道路交通安全法律、法规的规定，按照操作规范安全驾驶、文明驾驶。

《道路交通安全法》第三十六条　根据道路条件和通行需要，道路划分为机动车道、非机动车道和人行道的，机动车、非机动车、行人实行分道通行。没有划分机动车道、非机动车道和人行道的，机动车在道路中间通行，非机动车和行人在道路两侧通行。

《人身损害赔偿解释》第十六条第一款第一项　下列情形，

适用民法通则第一百二十六条的规定，由所有人或者管理人承担赔偿责任，但能够证明自己没有过错的除外：(1)道路、桥梁、隧道等人工建造的构筑物因维护、管理瑕疵致人损害的……

75. 某三岁孩童在小区玩耍时不慎跌入开放的消防池溺亡，如何认定开发商和物业公司的责任？

【解答】

小孩的监护人未尽到监护责任，应承担主要责任。物业公司应秉承善良管理人的理念，对小区加强巡逻，在危及人身安全处设有明显标志和防范措施，物业公司未及时发现并制止小孩在消防池边玩耍，未尽到安全管理职责，存在疏于管理的过失行为，对事故后果应承担相应的赔偿责任。开发商设置的消防水池未设有防护栏，存在缺陷，留有安全隐患，该设置的缺陷与事故后果存在因果关系，故开发商亦应承担一定的赔偿责任。

【法律依据】

《人身损害赔偿解释》第二条　受害人对同一损害的发生或者扩大有故意、过失的，依照民法通则第一百三十一条的规定，可以减轻或者免除赔偿义务人的赔偿责任。但侵权人因故意或者重大过失致人损害，受害人只有一般过失的，不减轻赔偿义务人的赔偿责任。适用民法通则第一百零六条第三款规定确定赔偿义务人的赔偿责任时，受害人有重大过失的，可以减轻赔偿义务人的赔偿责任。

《人身损害赔偿解释》第三条第二款　二人以上没有共同故意或者共同过失，但其分别实施的数个行为间接结合发生同一损害后果的，应当根据过失大小或者原因力比例各自承担相应的赔偿责任。

76. 李甲与张乙二人分别与某护理院签订自费代养协议，李甲睡觉时因与张乙发生争执被其打伤，对于李甲的损害后果护理院是否承担责任？

【解答】

公民的身体权受法律保护，任何公民、法人由于过错侵害他人人身造成损害的，均应当承担民事责任。李甲、张乙与护理院签订了代养协议，即是将自身的生活起居置于护理院的管理下。护理院在对李甲这样的被代养老人提供相应护理服务的同时，还应当对被代养老人尽到相应的管理、安全保障等义务。李甲在护理院被张乙打伤，护理院作为其两方的代养方存在疏于管理及未能全部履行安全保障义务方面的过错。一般在司法实践中，张乙作为完全民事行为能力人及直接侵权人应当承担主要责任，护理院应当承担次要责任。

【法律依据】

《人身损害赔偿解释》第六条　从事住宿、餐饮、娱乐等经营活动或者其他社会活动的自然人、法人、其他组织，未尽合理限度范围内的安全保障义务致使他人遭受人身损害，赔偿权利人请求其承担相应赔偿责任的，人民法院应予支持。因第三人侵权导致损害结果发生的，由实施侵权行为的第三人承担赔偿责任。安全保障义务人有过错的，应当在其能够防止或者制止损害的范围内承担相应的补充赔偿责任。安全保障义务人承担责任后，可以向第三人追偿。赔偿权利人起诉安全保障义务人的，应当将第三人作为共同被告，但第三人不能确定的除外。

77. 旅客在客运途中被车内跌落的物品砸伤，如何认定客运公司的责任？

【解答】

从事向公众提供公开服务的经营者负有安全保障义务。客运汽车内部空间属于汽车公司向社会公众提供运输服务的公共服务场所，汽车公司作为经营者对其服务场所以及场所内配套物品的安全性负有保障义务。车辆在行驶过程中因路况或刹车发生颠簸属于普遍情形，汽车公司应对车内放置物品的稳固性给予足够的审慎注意，采取有效的防范措施。如车内物品存在随时跌落这一不安全因素，一般可认定汽车公司未尽安全保障义务，应承担赔偿责任。

【法律依据】

《侵权责任法》第六条第一款　行为人因过错侵害他人民事权益，应当承担侵权责任。

《侵权责任法》第十六条　侵害他人造成人身损害的，应当赔偿医疗费、护理费、交通费等为治疗和康复支出的合理费用，以及因误工减少的收入。造成残疾的，还应当赔偿残疾生活辅助具费和残疾赔偿金。造成死亡的，还应当赔偿丧葬费和死亡赔偿金。

《侵权责任法》第三十七条第一款　宾馆、商场、银行、车站、娱乐场所等公共场所的管理人或者群众性活动的组织者，未尽到安全保障义务，造成他人损害的，应当承担侵权责任。

78. 顾客在饭店就餐时被烧伤，饭店所属房屋的产权人是否应承担赔偿责任？

【解答】

顾客在饭店就餐时被烧伤，应由饭店经营者承担赔偿责任。如饭店未办理营业执照，属于非法经营，应由其实际经营者承担赔偿责任。由于房屋是饭店经营中必需的重要物资，如不能证明产权人和经营者之间是租赁还是免费使用的关系，在司法实践中，一般应当认定房屋系产权人为饭店经营进行的出资。产权人参与了经营管理的，应承担赔偿责任。

【法律依据】

《侵权责任法》第三十七条第一款　宾馆、商场、银行、车站、娱乐场所等公共场所的管理人或者群众性活动的组织者，未尽到安全保障义务，造成他人损害的，应当承担侵权责任。

《消费者权益保护法》第十一条　消费者因购买、使用商品或者接受服务受到人身、财产损害的，享有依法获得赔偿的权利。

79. 李甲邀约张乙帮其将渔船翻越景观坝拖移至上游，该河段为禁航区，且设有警示标语和警戒线，二人均系职业渔民，未穿戴救生衣，在拖船越坝过程中不慎翻船落水，张乙溺亡，对此事故责任主体应如何认定？

【解答】

李甲邀约张乙帮其拖船，二人之间形成帮工与被帮工的关系，且张乙是因帮工活动受到人身损害，李甲应当对张乙的死亡承担赔偿责任。张乙作为职业渔民明知该河段禁航仍然接受李甲邀约，明知危险仍未穿戴救生衣，自身具有重大过错，应当对自身的损害承担相应的责任，因此对于李甲的责任可予以相应减轻。水利工程管理站在该河段设置了禁止行船的警示标语和警戒线，履行了相应的管理义务，此事故系因李甲和张乙故意违反行政管理规定造成的，水利工程管理站对此不承担责任。

【法律依据】

《侵权责任法》第二十六条　被侵权人对损害的发生也有过错的，可以减轻侵权人的责任。

《人身损害赔偿解释》第十四条第一款　帮工人因帮工活动遭受人身损害的，被帮工人应当承担赔偿责任。被帮工人明确拒绝帮工的，不承担赔偿责任；但可以在受益范围内予以适当补偿。

80. 顾客在酒店住宿期间受伤，酒店应如何承担责任？

【解答】

作为提供住宿服务的酒店经营者，对入住酒店的消费者应履行合理限度的安全保障义务。酒店经营者因管理、服务瑕疵等安全隐患而致消费者人身伤害，应承担民事赔偿责任。酒店经营场所的出租方对于事发场所管理不善的，亦应承担相应的责任。受害人对于损害发生也有过错的，应根据过失相抵原则，减轻侵害人的民事责任。

【法律依据】

《民法通则》第一百三十一条　受害人对于损害的发生也有过错的，可以减轻侵害人的民事责任。

《人身损害赔偿解释》第六条　从事住宿、餐饮、娱乐等经营活动或者其他社会活动的自然人、法人、其他组织，未尽合理限度范围内的安全保障义务致使他人遭受人身损害，赔偿权利人请求其承担相应赔偿责任的，人民法院应予支持。因第三人侵权导致损害结果发生的，由实施侵权行为的第三人承担赔偿责任。安全保障义务人有过错的，应当在其能够防止或者制止损害的范围内承担相应的补充赔偿责任。安全保障义务人承担责任后，可以向第三人追偿。赔偿权利人起诉安全保障义务人的，应当将第三人作为共同被告，但第三人不能确定的除外。

《消费者权益保护法》第十八条　经营者应当保证其提供的商品或者服务符合保障人身、财产安全的要求。对可能危及人身、财产安全的商品和服务，应当向消费者作出真实的说明和明确的警示，并说明和标明正确使用商品或者接受服务的方法以及防止危害发生的方法。宾馆、商场、餐馆、银行、机场、车站、港口、影剧院等经营场所的经营者，应当对消费者尽到安全保障义务。

81. 饲养动物致人损害，被害人自己有过错导致病情延误，损失扩大的，能否减轻饲养人的责任？

【解答】

饲养动物造成他人损害的，动物饲养人应当承担侵权责任。被害人自己有过错导致病情延误，损失扩大的，可以减轻饲养人的责任。

【法律依据】

《侵权责任法》第二十六条　被侵权人对损害的发生也有过错的，可以减轻侵权人的责任。

《侵权责任法》第七十八条　饲养的动物造成他人损害的，动物饲养人或者管理人应当承担侵权责任，但能够证明损害是因被侵权人故意或者重大过失造成的，可以不承担或者减轻责任。

82. 污染环境致人损害，如何认定污染者的责任？

【解答】

因污染环境造成损害的，污染者应当承担责任。污染者若想免责，应当就法律规定的不承担责任或减轻责任的情形及其行为与损害之间不存在因果关系承担举证责任。无法证明的，由污染者承担责任。

【法律依据】

《侵权责任法》第六十六条　因污染环境发生纠纷，污染者应当就法律规定的不承担责任或者减轻责任的情形及其行为与损害之间不存在因果关系承担举证责任。

83. 家具造成室内环境污染引起的人身损害赔偿纠纷，举证责任应如何分配？

【解答】

环境污染损害赔偿责任应适用无过错责任原则，环境污染致人损害案件中的受害人无须对加害人的主观过错进行证明，加害人也不得以自己没有过错进行抗辩。受害人实际上根本无须就因果关系作哪怕最初的证明，而加害人则应就法律规定的免责事由及其行为与损害结果之间不存在因果关系承担举证责任。

【法律依据】

《侵权责任法》第六十六条　因污染环境发生纠纷，污染者应当就法律规定的不承担责任或者减轻责任的情形及其行为与损害之间不存在因果关系承担举证责任。

《民事诉讼证据规定》第四条第三款　下列侵权诉讼，按照以下规定承担举证责任：(三)因环境污染引起的损害赔偿诉讼，由加害人就法律规定的免责事由及其行为与损害结果之间不存在因果关系承担举证责任。

84. 高速公路的管理者对可能的环境噪声污染是否应承担责任?

【解答】

只有超过国家规定的环境噪声排放标准的噪声，并干扰他人生活的，才是噪声污染。受害人认为来往车辆产生的噪声即已形成噪声污染，其应对该主张承担举证责任。高速公路的管理者对可能的环境噪声污染应当采取措施而未采取措施予以防治的，应对损害承担相应责任，赔偿相应损失。对于已形成的噪声污染，高速公路公司应采取一定措施降音隔噪。

【法律依据】

《环境噪声污染防治法》第二条　本法所称环境噪声污染，是指所产生的环境噪声超过国家规定的环境噪声排放标准，并干扰他人正常生活、工作和学习的现象。

《环境噪声污染防治法》第六十一条　受到环境噪声污染危

害的单位和个人，有权要求加害人排除危害；造成损失的，依法赔偿损失。赔偿责任和赔偿金额的纠纷，可以根据当事人的请求，由环境保护行政主管部门或者其他环境噪声污染防治工作的监督管理部门、机构调解处理；调解不成的，当事人可以向人民法院起诉。当事人也可以直接向人民法院起诉。

85. 在自己权益范围内安装为自己经营提供照明的路灯，影响到周边住户夜间休息致使健康受损，行为人应否对损害承担责任？

【解答】

环境是影响人类生存和发展的各种天然的和经过人工改造的自然因素的总体。路灯灯光也被涵盖在其中。行为人在自己的经营场所设置路灯，为自己的经营场所外部环境提供照明本无过错，但若行为人的经营地点与周边居民区距离甚近，中间无任何物件遮挡，行为人设置的路灯的外溢光、杂散光能射入周边居民的居室内，足以改变居室内人们夜间休息时通常习惯的暗光环境，且超出了一般公众普遍可忍受的范围，那么行为人设置的路灯的外溢光、杂散光确实达到了障碍光程度，已构成由强光引起的光污染，侵害了他人的合法权益，遭受污染的居民有权进行控告，行为人也应当对损害承担责任。

【法律依据】

《环境保护法》第二条　本法所称环境，是指影响人类生存和发展的各种天然的和经过人工改造的自然因素的总体，包括大气、水、海洋、土地、矿藏、森林、草原、湿地、野生生物、自然遗迹、人文遗迹、自然保护区、风景名胜区、城市和乡村等。

《环境保护法》第六条　一切单位和个人都有保护环境的义务。……企业事业单位和其他生产经营者应当防止、减少环境污染和生态破坏，对所造成的损害依法承担责任。公民应当增强环境保护意识，采取低碳、节俭的生活方式，自觉履行环境保护义务。

《民法通则》第一百二十四条　违反国家保护环境防止污染的规定，污染环境造成他人损害的，应当依法承担民事责任。

86. 员工未经允许经常在单位科室过夜，下班住宿期间受到人身损害，如何认定单位的赔偿责任？

【解答】

单位虽不允许员工在科室过夜，但对该员工的行为并未制止，应视为单位对该行为的默许。故该员工在单位过夜的行为与其工作相关，其在住宿期间死亡，单位应对该员工承担相应的赔偿责任。

【法律依据】

《侵权责任法》第六条　行为人因过错侵害他人民事权益，应当承担侵权责任。根据法律规定推定行为人有过错，行为人不能证明自己没有过错的，应当承担侵权责任。

87. 雇员在雇佣活动中致人损害的，雇主是否承担赔偿责任？

【解答】

雇员在从事雇佣活动过程中致人损害的，雇主应当承担赔偿责任。雇员因故意或者重大过失致人损害的，应当与雇主承担连带赔偿责任。雇主承担连带赔偿责任后，可以向雇员追偿。

【法律依据】

《人身损害赔偿解释》第九条　雇员在从事雇佣活动中致人损害的，雇主应当承担赔偿责任；雇员因故意或者重大过失致人损害的，应当与雇主承担连带赔偿责任。雇主承担连带赔偿责任的，可以向雇员追偿。前款所称“从事雇佣活动”，是指从事雇主授权或者指示范围内的生产经营活动或者其他劳务活动。雇员的行为超出授权范围，但其表现形式是履行职务或者与履行职务有内在联系的，应当认定为“从事雇佣活动”。

88. 雇员在提供劳务过程中遭受人身损害的，雇主是否承担赔偿责任？

【解答】

雇员在向雇主提供劳务过程中受伤，作为雇主应当对雇员的人身伤害后果承担赔偿责任，除非雇主能够提供证据证明雇员自身存在过错。

【法律依据】

《人身损害赔偿解释》第十一条　雇员在从事雇佣活动中遭受人身损害，雇主应当承担赔偿责任。雇佣关系以外的第三人造成雇员人身损害的，赔偿权利人可以请求第三人承担赔偿责任，也可以请求雇主承担赔偿责任。雇主承担赔偿责任后，可以向第三人追偿。雇员在从事雇佣活动中因安全生产事故遭受人身损害，发包人、分包人知道或者应当知道接受发包或者分包业务的雇主没有相应资质或者安全生产条件的，应当与雇主承担连带赔偿责任。属于《工伤保险条例》调整的劳动关系和工伤保险范围的，不适用本条规定。

89. 雇员受到人身损害的，举证责任如何分配？

【解答】

雇员在从事雇佣活动过程中遭受人身损害，雇主应当承担赔偿责任。雇主和雇员就损害事实不能达成一致，根据“谁主张谁举证”的原则承担举证责任，不能提出证据证明自己主张的，应当承担举证不能的法律后果

【法律依据】

《人身损害赔偿解释》第十一条　雇员在从事雇佣活动中遭受人身损害，雇主应当承担赔偿责任……

《民事诉讼法》第六十四条第一款　当事人对自己提出的主张，有责任提供证据。

《最高人民法院关于民事诉讼证据的若干规定》第二条　当

事人对自己提出的诉讼请求所依据的事实或者反驳对方诉讼请求所依据的事实有责任提供证据加以证明。没有证据或者证据不足以证明当事人的事实主张的，由负有举证责任的当事人承担不利后果。

90. 雇佣关系以外的第三人造成雇员人身损害，雇主对第三人是否有追偿权？

【解答】

雇员在从事雇佣活动中遭受人身损害，雇主应当承担赔偿责任。雇佣关系以外的第三人造成雇员人身损害的，赔偿权利人可以请求第三人承担赔偿责任，也可以请求雇主承担赔偿责任。雇主承担赔偿责任后，可以向第三人追偿。

【法律依据】

《人身损害赔偿解释》第十一条第一款　雇员在从事雇佣活动中遭受人身损害，雇主应当承担赔偿责任。雇佣关系以外的第三人造成雇员人身损害的，赔偿权利人可以请求第三人承担赔偿责任，也可以请求雇主承担赔偿责任。雇主承担赔偿责任后，可以向第三人追偿。

91. 施工致人损害，分包人没有安全生产资质的，发包人是否承担赔偿责任？

【解答】

雇员在工作中遭受人身损害，雇主应当承担赔偿责任。工程发包人知道或者应当知道接受发包或者分包业务的雇主没有相应资质或者安全生产条件的，应当与分包雇主承担连带赔偿责任。

【法律依据】

《人身损害赔偿解释》第十一条第二款　雇员在从事雇佣活动中因安全生产事故遭受人身损害，发包人、分包人知道或者应当知道接受发包或者分包业务的雇主没有相应资质或者安全生产条件的，应当与雇主承担连带赔偿责任。

92. 承揽人在完成承揽工作过程中受伤或致人损害，定作人是否对损害承担责任？

【解答】

承揽人在完成承揽工作过程中对第三人造成损害或者造成自身损害的，定作人是不承担责任的。但如果定作人在定作、指示或者选任方面有过失的，定作人也应承担相应的赔偿责任，从而减轻承揽人的责任。

【法律依据】

《人身损害赔偿解释》第十条　承揽人在完成工作过程中对第三人造成损害或者造成自身损害的，定作人不承担赔偿责任。但定作人对定作、指示或者选任有过失的，应当承担相应的赔偿责任。

93. 人身侵权行为构成刑事犯罪的，除了承担刑事责任以外，是否还应承担民事侵权责任？

【解答】

民事责任、行政责任和刑事责任虽然是三种不同性质的法律责任，却可能因为同一法律行为而同时产生，即发生法律责任的竞合。一般情况下，三者各自独立存在，并行不悖。侵权责任是民事责任的一种，侵权责任在财产赔偿和处罚上优先。民事责任优先原则是解决这类责任竞合时的法律原则，其原因在于：一是实现法的价值的需要。民事责任优先可以取得良好的社会效益，也更能体现法律 的人道和正义。二是维护市场经济秩序和交易安全的需要。三是民事责任和行政责任、刑事责任的目的和功能不同。与民事责任单一的财产性特征相比，行政、刑事责任具有人身性和财产性的双重特征。在三者发生竞合时，即使民事责任优先适用，可能造成财产性的罚款、罚金及没收财产等行政制裁或刑事制裁难以实施，却并不影响责任人承担人身方面的行政责任、刑事责任，在一定程度上，行政责任、刑事责任还可以在对责任人人身制裁和财产制裁上进行选择，以达到制裁责任人的最终目的。需要注意的是，民事责任优先原则的适用是有条件的。一是责任主体所承担的民事责任须合法有效，其发生的依据或基于法律规定或基于约定。二是责任主体的财产不足以同时满足民事责任、行政责任和刑事责任；如果都能满足，则三种责任并行不悖，责任人同时承担三种责任。因此，行为人承担刑事责任并不影响依法承担民事侵权责任。

【法律依据】

《民法通则》第一百一十条　对承担民事责任的公民、法人需要追究行政责任的，应当追究行政责任；构成犯罪的，对公民、法人的法定代表人应当依法追究刑事责任。

《侵权责任法》第四条　侵权人因同一行为应当承担行政责任或者刑事责任的，不影响依法承担侵权责任。因同一行为应当承担侵权责任和行政责任、刑事责任，侵权人的财产不足以支付的，先承担侵权责任。

94. 年满60周岁并享受社会保险待遇的个人，在单位遭受人身损害，应适用工伤的赔偿标准还是一般的人身损害的赔偿标准？

【解答】

年满60周岁即达到了我国现时的法定退休年龄，且受害人已享受社会保险退休养老待遇，与单位形成的不是劳动关系，而是雇佣关系。因此双方由此产生的法律关系应适用民法调整，而不适用劳动法律法规调整，受害人的损害后果自然也不适用工伤赔偿标准，而应按照人身损害赔偿标准计算。

【法律依据】

《劳动合同法实施条例》第二十一条　劳动者达到法定退休年龄的，劳动合同终止。

《人身损害赔偿解释》第十一条　雇员在从事雇佣活动中遭

受人身损害，雇主应当承担赔偿责任。雇佣关系以外的第三人造成雇员人身损害的，赔偿权利人可以请求第三人承担赔偿责任，也可以请求雇主承担赔偿责任。雇主承担赔偿责任后，可以向第三人追偿。雇员在从事雇佣活动中因安全生产事故遭受人身损害，发包人、分包人知道或者应当知道接受发包或者分包业务的雇主没有相应资质或者安全生产条件的，应当与雇主承担连带赔偿责任。属于《工伤保险条例》调整的劳动关系和工伤保险范围的，不适用本条规定。

95. 参与影视作品拍摄的演员在拍摄过程中致人损害，责任应如何承担?

【解答】

参与影视作品拍摄的演员与影视作品制作单位之间构成雇佣关系，适用有关雇佣的法律规定。演员表演的真实性应当限制在法律允许和当事人承受力的范围内。演员应当对在表演过程中的重大过失造成的人身损害结果承担赔偿责任。演员根据剧情安排进行表演而受到人身损害应由影视制作单位及存在故意或重大过失的表演者承担连带赔偿责任。

【法律依据】

《人身损害赔偿解释》第九条　雇员在从事雇佣活动中致人损害的，雇主应当承担赔偿责任；雇员因故意或者重大过失致人损害的，应当与雇主承担连带赔偿责任。雇主承担连带赔偿责任的，可以向雇员追偿。

《人身损害赔偿解释》第十一条第一款 雇员在从事雇佣活动中遭受人身损害，雇主应当承担赔偿责任。雇佣关系以外的第三人造成雇员人身损害的，赔偿权利人可以请求第三人承担赔偿责任，也可以请求雇主承担赔偿责任。雇主承担赔偿责任后，可以向第三人追偿。

96. 船舶所有人及经营人是否应对雇佣船员遭受的人身损害承担赔偿责任？

【解答】

船舶所有人及经营人负有保障船员人身安全的义务，船员在轮船上工作期间遭受人身损害，船舶所有人和经营人应当对此承担赔偿责任。

【法律依据】

《侵权责任法》第十六条 侵害他人造成人身损害的，应当赔偿医疗费、护理费、交通费等为治疗和康复支出的合理费用，以及因误工减少的收入。造成残疾的，还应当赔偿残疾生活辅助具费和残疾赔偿金。造成死亡的，还应当赔偿丧葬费和死亡赔偿金。

《人身损害赔偿解释》第十一条第一款 雇员在从事雇佣活动中遭受人身损害，雇主应当承担赔偿责任。雇佣关系以外的第三人造成雇员人身损害的，赔偿权利人可以请求第三人承担赔偿责任，也可以请求雇主承担赔偿责任。雇主承担赔偿责任后，可以向第三人追偿。

97. 提供劳务者在劳务过程中遭受损害，劳务关系双方都无过错的，如何认定责任？

【解答】

提供劳务者受害责任纠纷案件适用过错原则，在双方均无过错的情况下，适用公平原则，由接受劳务的一方给与适当补偿。

【法律依据】

《侵权责任法》第二十四条　受害人和行为人对损害的发生都没有过错的，可以根据实际情况，由双方分担损失。

《民通意见》第一百五十七条　当事人对造成损害均无过错，但一方是在为对方的利益或者共同的利益进行活动的过程中受到损害的，可以责令对方或者受益人给予一定的经济补偿。

98. 定作人提供不符合要求的工作材料导致人身损害的，责任应如何认定？

【解答】

雇主承揽一项工作，交由雇员实施，雇员在从事雇佣活动中遭受人身损害，雇主应当承担赔偿责任。定作人提供不符合要求的工作材料导致损害的，定作人存在一定过错，应承担相应民事责任。受害人作为具体施工人，对作业用的设施选材不严、疏忽大意，未尽安全注意义务，亦应承担相应责任。

【法律依据】

《人身损害赔偿解释》第二条　受害人对同一损害的发生或者扩大有故意、过失的，依照《民法通则》第一百三十一条的规定，可以减轻或者免除赔偿义务人的赔偿责任。但侵权人因故意或者重大过失致人损害，受害人只有一般过失的，不减轻赔偿义务人的赔偿责任。适用《民法通则》第一百零六条第三款规定确定赔偿义务人的赔偿责任时，受害人有重大过失的，可以减轻赔偿义务人的赔偿责任。

《人身损害赔偿解释》第九条　雇员在从事雇佣活动中致人损害的，雇主应当承担赔偿责任；雇员因故意或者重大过失致人损害的，应当与雇主承担连带赔偿责任。雇主承担连带赔偿责任的，可以向雇员追偿。前款所称“从事雇佣活动”，是指从事雇主授权或者指示范围内的生产经营活动或者其他劳务活动。雇员的行为超出授权范围，但其表现形式是履行职务或者与履行职务有内在联系的，应当认定为“从事雇佣活动”。

《人身损害赔偿解释》第十条　承揽人在完成工作过程中对第三人造成损害或者造成自身损害的，定作人不承担赔偿责任。但定作人对定作、指示或者选任有过失的，应当承担相应的赔偿责任。

99. 家政服务中心未能完全履行居间人如实报告义务的，对于损害后果是否应承担责任？

【解答】

家政服务中心所作的承诺及其经营范围，在履行对社会的公开承诺上存在瑕疵，且未能完全履行居间人的如实报告义务，推荐未经过必要培训的家政服务员上岗服务，对接受服务的家庭造成损害的，家政服务中心应承担相应的赔偿责任。

【法律依据】

《侵权责任法》第六条　行为人因过错侵害他人民事权益，应当承担侵权责任。根据法律规定推定行为人有过错，行为人不能证明自己没有过错的，应当承担侵权责任。

《合同法》第四百二十五条　居间人应当就有关订立合同的事项向委托人如实报告。居间人故意隐瞒与订立合同有关的重要事实或者提供虚假情况，损害委托人利益的，不得要求支付报酬并应当承担损害赔偿责任。

100. 婚姻关系存续期间，一方造成另一方人身损害，是否构成侵权？

【解答】

婚内侵权纠纷不同于单纯的婚姻家庭纠纷或一般的侵权纠纷。婚内侵权归责原则应当同时考虑婚姻家庭关系与一般侵权责任归责原理，并着重考量侵权行为人的主观过错程度，在存在故意或重大过失的情况下，受侵害的一方享有追究侵害人法律责任的权利。

【法律依据】

《婚姻法》第四十六条　有下列情形之一，导致离婚的，无过错方有权请求损害赔偿：(1)重婚的；(2)有配偶者与他人同居的；(3)实施家庭暴力的；(4)虐待、遗弃家庭成员的。

《婚姻法解释一》第二十九条　承担婚姻法第四十六条规定的损害赔偿责任的主体，为离婚诉讼当事人中无过错方的配偶。人民法院判决不准离婚的案件，对于当事人基于婚姻法第四十六条提出的损害赔偿请求，不予支持。在婚姻关系存续期间，当事人不起诉离婚而单独依据该条规定提起损害赔偿请求的，人民法院不予受理。

《民法通则》第一百零六条　……公民、法人由于过错侵害国家的、集体的财产，侵害他人财产、人身的应当承担民事责任。没有过错，但法律规定应当承担民事责任的，应当承担民事责任。

《侵权责任法》第六条　行为人因过错侵害他人民事权益，应当承担侵权责任。根据法律规定推定行为人有过错，行为人不能证明自己没有过错的，应当承担侵权责任。

二、交通事故篇

1. 将车辆出借给无驾驶资格证人员驾驶而发生交通事故的，出借人如何承担赔偿责任?

【解答】

出借人在将车辆借给他人使用前，有义务审查借用驾驶人有无相应的驾驶资格，如知道或者应当知道借用驾驶人无驾驶资格或者未取得相应的驾驶资格，而将车辆出借给无驾驶资格证人员使用发生交通事故的，承担相应的赔偿责任。

【法律依据】

《侵权责任法》第四十九条　因租赁、借用等情形机动车所有人与使用人不是同一人时，发生交通事故后属于该机动车一方责任的，由保险公司在机动车强制保险责任限额范围内予以赔偿。不足部分，由机动车使用人承担赔偿责任；机动车所有人对损害的发生有过错的，承担相应的赔偿责任。

最高人民法院《关于审理道路交通事故损害赔偿案件适用法律若干问题的解释》(法释[2012]19号)第一条　机动车发生

交通事故造成损害，机动车所有人或者管理人有下列情形之一，人民法院应当认定其对损害的发生有过错，并适用侵权责任法第四十九条的规定确定其相应的赔偿责任：

(1)知道或者应当知道机动车存在缺陷，且该缺陷是交通事故发生原因之一的；

(2)知道或者应当知道驾驶人无驾驶资格或者未取得相应驾驶资格的；

(3)知道或者应当知道驾驶人因饮酒、服用国家管制的精神药品或者麻醉药品，或者患有妨碍安全驾驶机动车的疾病等依法不能驾驶机动车的；

(4)其他应当认定机动车所有人或者管理人有过错的。

2. 将车辆出借给饮酒人员驾驶而发生交通事故的，出借人如何承担赔偿责任？

【解答】

出借人在将车辆借给他人使用前，如果知道或者应当知道借用驾驶人已经饮酒的，承担相应的赔偿责任；但需要加以区别认定的是，如果借用人借用车辆时未饮酒，而是在借走车辆后饮酒驾驶车辆发生交通事故的，则出借人不承担赔偿责任。因为借用人借走车辆后是否饮酒不是一个必然发生的事件，出借人也无法预见和掌控，不能因此认定当初在车辆借用过程中出借人即“知道或者应当知道借用驾驶人已经饮酒不能驾驶机动车”，故此情形下出借人不承担赔偿责任。

【法律依据】

《侵权责任法》第四十九条　因租赁、借用等情形机动车所有人与使用人不是同一人时，发生交通事故后属于该机动车一方责任的，由保险公司在机动车强制保险责任限额范围内予以赔偿。不足部分，由机动车使用人承担赔偿责任；机动车所有人对损害的发生有过错的，承担相应的赔偿责任。

最高人民法院《关于审理道路交通事故损害赔偿案件适用法律若干问题的解释》(法释[2012]19号)第一条　机动车发生交通事故造成损害，机动车所有人或者管理人有下列情形之一，人民法院应当认定其对损害的发生有过错，并适用侵权责任法第四十九条的规定确定其相应的赔偿责任：

(1)知道或者应当知道机动车存在缺陷，且该缺陷是交通事故发生原因之一的；

(2)知道或者应当知道驾驶人无驾驶资格或者未取得相应驾驶资格的；

(3)知道或者应当知道驾驶人因饮酒、服用国家管制的精神药品或者麻醉药品，或者患有妨碍安全驾驶机动车的疾病等依法不能驾驶机动车的；

(4)其它应当认定机动车所有人或者管理人有过错的。

3. 挂靠车辆发生交通事故的，该如何承担赔偿责任？

【解答】

挂靠车辆发生交通事故的，由挂靠人与被挂靠人承担连带赔偿责任。

【法律依据】

《侵权责任法》第三条 以挂靠形式从事道路运输经营活动的机动车发生交通事故造成损害，属于该机动车一方责任，当事人请求由挂靠人和被挂靠人承担连带责任的，人民法院应予支持。

4. 车辆已经以买卖等方式多次转让并交付但未办理过户登记而发生交通事故的，转让人是否承担赔偿责任？

【解答】

当事人之间已经以买卖等方式多次转让并交付机动车但未办理过户登记而发生交通事故的，事故责任主体理论上以对车辆的“运行支配”和“运行利益”两个标准来综合判断确定，因车辆转让后，原车主事实上既不能支配管控该车辆，也不能获取该车辆转让后运行而产生的利益，故转让人不承担赔偿责任，由受让人依法赔偿。

【法律依据】

《侵权责任法》第五十条 当事人之间已经以买卖等方式转让并交付机动车但未办理所有权转移登记，发生交通事故后属于该机动车一方责任的，由保险公司在机动车强制保险责任限额范围内予以赔偿。不足部分，由受让人承担赔偿责任。

最高人民法院《关于审理道路交通事故损害赔偿案件适用法律若干问题的解释》(法释[2012]19号)第四条　被多次转让但未办理转移登记的机动车发生交通事故造成损害，属于该机动车一方责任，当事人请求由最后一次转让并交付的受让人承担赔偿责任的，人民法院应予支持。

5. 以买卖等方式转让拼装或禁止上路行驶的车辆而发生交通事故的，转让人是否承担赔偿责任？

【解答】

以买卖等方式转让拼装或禁止上路行驶的车辆而发生交通事故的，由转让人和受让人承担连带赔偿责任。

【法律依据】

《侵权责任法》第五十一条　以买卖等方式转让拼装或者已达到报废标准的机动车，发生交通事故造成损害的，由转让人和受让人承担连带责任。

最高人民法院《关于审理道路交通事故损害赔偿案件适用法律若干问题的解释》(法释[2012]19号)第六条　拼装车、已达到报废标准的机动车或者依法禁止行驶的其他机动车被多次转让，并发生交通事故造成损害，当事人请求由所有的转让人和受让人承担连带责任的，人民法院应予支持。

6. 套用他人车牌且未经车牌所有人同意套用而发生交通事故，被套牌车所有人是否承担赔偿责任？

【解答】

未经被套牌车所有人同意套用车牌发生交通事故，因被套牌车所有人无法支配套牌车辆，对事故发生没有过错，故被套牌车所有人不承担赔偿责任，由套牌车所有人依法承担赔偿责任。

【法律依据】

最高人民法院《关于审理道路交通事故损害赔偿案件适用法律若干问题的解释》(法释[2012]19号)第五条　套牌机动车发生交通事故造成损害，属于该机动车一方责任，当事人请求由套牌机动车的所有人或者管理人承担赔偿责任的，人民法院应予支持；被套牌机动车所有人或者管理人同意套牌的，应当与套牌机动车的所有人或者管理人承担连带责任。

7. 经车牌所有人同意套牌或车牌所有人明知他人套用自己车牌不予以制止而发生交通事故，被套牌车所有人是否承担赔偿责任？

【解答】

被套牌车所有人在同意他人套牌或明知他人套用自己车牌而不予以制止的情况下发生交通事故的，视为被套牌车所有人与套牌车所有人实施了共同的违法、侵权行为，在此种情形下被套牌车所有人应与套牌车所有人承担连带赔偿责任。

【法律依据】

最高人民法院《关于审理道路交通事故损害赔偿案件适用法律若干问题的解释》(法释[2012]19号)第五条　套牌机动车发生交通事故造成损害，属于该机动车一方责任，当事人请求由套牌机动车的所有人或者管理人承担赔偿责任的，人民法院应予支持；被套牌机动车所有人或者管理人同意套牌的，应当与套牌机动车的所有人或者管理人承担连带责任。

8. 未经机动车所有人、管理人许可，擅自使用机动车发生交通事故的，机动车所有人是否承担赔偿责任？

【解答】

机动车所有人、管理人是否承担赔偿责任，要看其是否有过错，车辆除了被盗窃、抢劫、抢夺外，因其他原因擅自使用机动车、机动车所有人有过错，且属于该机动车一方责任的，机动车所有人、管理人承担相应的赔偿责任。

【法律依据】

《侵权责任法》第四十九条　因租赁、借用等情形机动车所有人与使用人不是同一人时，发生交通事故后属于该机动车一方责任的，由保险公司在机动车强制保险责任限额范围内予以赔偿。不足部分，由机动车使用人承担赔偿责任；机动车所有人对损害的发生有过错的，承担相应的赔偿责任。

第五十二条　盗窃、抢劫或者抢夺的机动车发生交通事故造成损害的，由盗窃人、抢劫人或者抢夺人承担赔偿责任。保险公司在机动车强制保险责任限额范围内垫付抢救费用的，有权向交通事故责任人追偿。

最高人民法院《关于审理道路交通事故损害赔偿案件适用法律若干问题的解释》(法释[2012]19号)第二条　未经允许驾驶他人机动车发生交通事故造成损害，当事人依照《侵权责任法》第四十九条的规定请求由机动车驾驶人承担赔偿责任的，人民法院应予支持。机动车所有人或者管理人有过错的，承担相应的赔偿责任，但具有《侵权责任法》第五十二条规定情形的除外。

9. 学员在驾校学习期间发生交通事故的，该如何承担赔偿责任？

【解答】

学员在驾校学习期间发生交通事故的，如属于该机动车一方责任，由驾校承担赔偿责任，学员不承担赔偿责任。

【法律依据】

最高人民法院《关于审理道路交通事故损害赔偿案件适用法律若干问题的解释》(法释[2012]19号)第七条　接受机动车驾驶培训的人员，在培训活动中驾驶机动车发生交通事故造成损害，属于该机动车一方责任，当事人请求驾驶培训单位承担赔偿责任的，人民法院应予支持。

10. 在取得驾驶资格后，聘请陪练机构工作人员陪练过程中发生交通事故的，该如何承担赔偿责任？

【解答】

实践中，学员取得驾驶资格后，因驾驶技术不娴熟，聘请陪练人员大量存在，但其与学员在驾校学习期间发生交通事故是有本质区别的，区别在于是否已取得驾驶资格，取得驾驶资格后就具有独立驾驶车辆的能力，根据确定责任主体的“运行支配”和“运行利益”标准判断，陪练人员此时对陪练车辆不具有运行支配和运行利益，故如属于该机动车一方责任的，由驾驶员自行承担赔偿责任，如陪练人员在陪练过程中有过错的，承担相应的赔偿责任，此时陪练人员承担的是一般过错责任。

【法律依据】

《侵权责任法》第六条　行为人因过错侵害他人民事权益，应当承担侵权责任。

根据法律规定推定行为人有过错，行为人不能证明自己没有过错的，应当承担侵权责任。

11. 机动车试乘过程中发生交通事故的，该如何承担赔偿责任？

【解答】

机动车试乘过程中发生交通事故的，由提供试乘服务者承担赔偿责任。如试乘人有过错的，应当减轻提供试乘服务者的赔偿责任。

【法律依据】

《侵权责任法》第六条　行为人因过错侵害他人民事权益，应当承担侵权责任。

根据法律规定推定行为人有过错，行为人不能证明自己没有过错的，应当承担侵权责任。

最高人民法院《关于审理道路交通事故损害赔偿案件适用法律若干问题的解释》(法释[2012]19号)第八条　机动车试乘过程中发生交通事故造成试乘人损害，当事人请求提供试乘服务者承担赔偿责任的，人民法院应予支持。试乘人有过错的，应当减轻提供试乘服务者的赔偿责任。

12. 机动车试驾过程中发生交通事故的，该如何承担赔偿责任？

【解答】

机动车试驾过程中发生交通事故造成损害的，由驾驶人承担赔偿责任；如提供试驾服务者有过错的，应当承担相应的赔偿责任。

【法律依据】

《侵权责任法》第四十九条　因租赁、借用等情形机动车所有人与使用人不是同一人时，发生交通事故后属于该机动车一方责任的，由保险公司在机动车强制保险责任限额范围内予以赔偿。不足部分，由机动车使用人承担赔偿责任；机动车所有人对损害的发生有过错的，承担相应的赔偿责任。

最高人民法院《关于审理道路交通事故损害赔偿案件适用法律若干问题的解释》(法释[2012]19号)第一条 机动车发生交通事故造成损害，机动车所有人或者管理人有下列情形之一，人民法院应当认定其对损害的发生有过错，并适用《侵权责任法》第四十九条的规定确定其相应的赔偿责任：

(1)知道或者应当知道机动车存在缺陷，且该缺陷是交通事故发生原因之一的；

(2)知道或者应当知道驾驶人无驾驶资格或者未取得相应驾驶资格的；

(3)知道或者应当知道驾驶人因饮酒、服用国家管制的精神药品或者麻醉药品，或者患有妨碍安全驾驶机动车的疾病等依法不能驾驶机动车的；

(4)其它应当认定机动车所有人或者管理人有过错的。

13. 用人单位的员工在履行职务行为时发生交通事故，如何承担赔偿责任？

【解答】

用人单位的员工在履行职务行为时发生交通事故，由用人单位承担赔偿责任。

【法律依据】

《侵权责任法》第三十四条 用人单位的工作人员因执行工

作任务造成他人损害的，由用人单位承担侵权责任。

劳务派遣期间，被派遣的工作人员因执行工作任务造成他人损害的，由接受劳务派遣的用工单位承担侵权责任；劳务派遣单位有过错的，承担相应的补充责任。

14. 雇员在驾驶车辆从事雇佣活动时发生交通事故，如何承担赔偿责任？

【解答】

雇员在驾驶车辆从事雇佣活动时发生交通事故造成损害的，由雇主即接受劳务一方承担赔偿责任。

【法律依据】

《侵权责任法》第三十五条　个人之间形成劳务关系，提供劳务一方因劳务造成他人损害的，由接受劳务一方承担侵权责任。提供劳务一方因劳务自己受到损害的，根据双方各自的过错承担相应的责任。

15. 将车辆送给修理单位修理期间，维修人员使用车辆发生交通事故的，如何承担赔偿责任？

【解答】

将车辆送给修理单位修理期间，维修人员使用车辆发生交通事故的，由修理单位承担赔偿责任。如车辆所有人对事故的发生有过错的，承担相应的赔偿责任。

【法律依据】

《侵权责任法》第四十九条 因租赁、借用等情形机动车所有人与使用人不是同一人时，发生交通事故后属于该机动车一方责任的，由保险公司在机动车强制保险责任限额范围内予以赔偿。不足部分，由机动车使用人承担赔偿责任；机动车所有人对损害的发生有过错的，承担相应的赔偿责任。

最高人民法院《关于审理人身损害赔偿案件适用法律若干问题的解释》（法释［2003］20号）第十条 承揽人在完成工作过程中对第三人造成损害或者造成自身损害的，定作人不承担赔偿责任。但定作人对定作、指示或者选任有过失的，应当承担相应的赔偿责任。

最高人民法院《关于审理道路交通事故损害赔偿案件适用法律若干问题的解释》（法释［2012］19号）第一条 机动车发生交通事故造成损害，机动车所有人或者管理人有下列情形之一，人民法院应当认定其对损害的发生有过错，并适用《侵权责任法》第四十九条的规定确定其相应的赔偿责任：

（1）知道或者应当知道机动车存在缺陷，且该缺陷是交通事故发生原因之一的；

（2）知道或者应当知道驾驶人无驾驶资格或者未取得相应驾驶资格的；

（3）知道或者应当知道驾驶人因饮酒、服用国家管制的精神药品或者麻醉药品，或者患有妨碍安全驾驶机动车的疾病等依法不能驾驶机动车的；

（4）其它应当认定机动车所有人或者管理人有过错的。

16. 提供代驾等服务过程中发生交通事故的，如何承担赔偿责任？

【解答】

提供代驾等服务过程中发生交通事故的，由代驾服务提供方承担赔偿责任。如车辆所有人对事故的发生有过错的，承担相应的赔偿责任。

【法律依据】

《侵权责任法》第四十九条　因租赁、借用等情形机动车所有人与使用人不是同一人时，发生交通事故后属于该机动车一方责任的，由保险公司在机动车强制保险责任限额范围内予以赔偿。不足部分，由机动车使用人承担赔偿责任；机动车所有人对损害的发生有过错的，承担相应的赔偿责任。

最高人民法院《关于审理道路交通事故损害赔偿案件适用法律若干问题的解释》(法释[2012]19号)第一条　机动车发生交通事故造成损害，机动车所有人或者管理人有下列情形之一，人民法院应当认定其对损害的发生有过错，并适用《侵权责任法》第四十九条的规定确定其相应的赔偿责任：

(1)知道或者应当知道机动车存在缺陷，且该缺陷是交通事故发生原因之一的；

(2)知道或者应当知道驾驶人无驾驶资格或者未取得相应驾驶资格的；

(3)知道或者应当知道驾驶人因饮酒、服用国家管制的精神药品或者麻醉药品，或者患有妨碍安全驾驶机动车的疾病等依法不能驾驶机动车的；

(4)其它应当认定机动车所有人或者管理人有过错的。

17. 道路管理部门未尽管理维护职责导致机动车发生交通事故的，道路管理部门如何承担赔偿责任？

【解答】

因道路管理维护缺陷发生交通事故的，由道路管理部门承担相应的赔偿责任，此处归责原则为过错推定原则。如道路管理部门能够证明其已尽到安全防护、警示等管理义务的，则不承担赔偿责任。

【法律依据】

《侵权责任法》第八十五条　建筑物、构筑物或者其他设施及其搁置物、悬挂物发生脱落、坠落造成他人损害，所有人、管理人或者使用人不能证明自己没有过错的，应当承担侵权责任。所有人、管理人或者使用人赔偿后，有其他责任人的，有权向其他责任人追偿。

《侵权责任法》第八十九条　在公共道路上堆放、倾倒、遗撒妨碍通行的物品造成他人损害的，有关单位或者个人应当承担侵权责任。

最高人民法院《关于审理道路交通事故损害赔偿案件适用法律若干问题的解释》(法释[2012]19号)第九条第一款　因

道路管理维护缺陷导致机动车发生交通事故造成损害，当事人请求道路管理者承担相应赔偿责任的，人民法院应予支持，但道路管理者能够证明已按照法律、法规、规章、国家标准、行业标准或者地方标准尽到安全防护、警示等管理维护义务的除外。

18. 依法不得进入高速公路的车辆、行人进入高速公路发生交通事故造成自己损害的，高速公路管理者如何承担赔偿责任？

【解答】

依法不得进入高速公路的车辆、行人进入高速公路发生交通事故造成自己损害的，由高速公路管理者承担赔偿责任，此处归责原则为无过错责任原则。但在管理人举证证明其采取了安全措施并尽到警示义务时，可以推知受害人存在重大过失或者故意，因此按照受害人过错的程度，可以相应减轻或者免除高速公路管理人赔偿责任。

【法律依据】

《侵权责任法》第十二条　二人以上分别实施侵权行为造成同一损害，能够确定责任大小的，各自承担相应的责任；难以确定责任大小的，平均承担赔偿责任。

《侵权责任法》第七十六条　未经许可进入高度危险活动区域或者高度危险物存放区域受到损害，管理人已经采取安全措施并尽到警示义务的，可以减轻或者不承担责任。

《道路交通安全法》第六十七条　行人、非机动车、拖拉机、轮式专用机械车、铰接式客车、全挂拖斗车以及其他设计最高时速低于七十公里的机动车，不得进入高速公路。高、速公路限速标志标明的最高时速不得超过一百二十公里。

最高人民法院《关于审理道路交通事故损害赔偿案件适用法律若干问题的解释》(法释[2012]19号)第九条第二款 依法不得进入高速公路的车辆、行人，进入高速公路发生交通事故造成自身损害，当事人请求高速公路管理者承担赔偿责任的，适用《侵权责任法》第七十六条的规定。

19. 道路存在建造或设计缺陷导致发生交通事故的，道路建设单位和施工单位如何承担赔偿责任？

【解答】

因道路存在缺陷发生交通事故的，道路建设单位和施工单位承担相应的赔偿责任。

【法律依据】

最高人民法院《关于审理道路交通事故损害赔偿案件适用法律若干问题的解释》(法释[2012]19号)第十一条 未按照法律、法规、规章或者国家标准、行业标准、地方标准的强制性规定设计、施工，致使道路存在缺陷并造成交通事故，当事人请求建设单位与施工单位承担相应赔偿责任的，人民法院应予支持。

20. 车辆存在产品缺陷导致发生交通事故的，车辆生产者或销售者如何承担赔偿责任?

【解答】

车辆存在产品缺陷导致发生交通事故的，车辆生产者或销售者承担无过错责任，结合交通事故发生的其他原因，承担相应的赔偿责任。

【法律依据】

《侵权责任法》第四十一条　因产品存在缺陷造成他人损害的，生产者应当承担侵权责任。

第四十二条　因销售者的过错使产品存在缺陷，造成他人损害的，销售者应当承担侵权责任。

销售者不能指明缺陷产品的生产者也不能指明缺陷产品的供货者的，销售者应当承担侵权责任。

第四十三条　因产品存在缺陷造成损害的，被侵权人可以向产品的生产者请求赔偿，也可以向产品的销售者请求赔偿。

第四十四条　因运输者、仓储者等第三人的过错使产品存在缺陷，造成他人损害的，产品的生产者、销售者赔偿后，有权向第三人追偿。

第四十五条　因产品缺陷危及他人人身、财产安全的，被侵权人有权请求生产者、销售者承担排除妨碍、消除危险等侵权责任。

第四十六条　产品投入流通后发现存在缺陷的，生产者、销售者应当及时采取警示、召回等补救措施。未及时采取补救措施或者补救措施不力造成损害的，应当承担侵权责任。

第四十七条 明知产品存在缺陷仍然生产、销售，造成他人死亡或者健康严重损害的，被侵权人有权请求相应的惩罚性赔偿。

最高人民法院《关于审理道路交通事故损害赔偿案件适用法律若干问题的解释》(法释[2012]19号)第十二条 机动车存在产品缺陷导致交通事故造成损害，当事人请求生产者或者销售者依照《侵权责任法》第五章的规定承担赔偿责任的，人民法院应予支持。

21. 将身份证出借给他人，他人以出借人名义购车发生交通事故造成损害的，出借身份证者是否承担赔偿责任?

【解答】

出借身份证供他人购车发生交通事故是否承担赔偿责任要区别情形，如出借身份证者明知实际购车者没有驾驶资格而提供身份证供其购车使用的，则应承担相应的赔偿责任；如实际购车人具有相应驾驶资格而提供身份证供其购车使用的，则出借身份证者不承担赔偿责任。

【法律依据】

《侵权责任法》第四十九条 因租赁、借用等情形机动车所有人与使用人不是同一人时，发生交通事故后属于该机动车一方责任的，由保险公司在机动车强制保险责任限额范围内予以赔偿。不足部分，由机动车使用人承担赔偿责任；机动车所有人对损害的发生有过错的，承担相应的赔偿责任。

最高人民法院《关于审理道路交通事故损害赔偿案件适用法律若干问题的解释》(法释[2012]19号)第一条 机动车发生交通事故造成损害，机动车所有人或者管理人有下列情形之一，人民法院应当认定其对损害的发生有过错，并适用《侵权责任法》第四十九条的规定确定其相应的赔偿责任：

(1)知道或者应当知道机动车存在缺陷，且该缺陷是交通事故发生原因之一的；

(2)知道或者应当知道驾驶人无驾驶资格或者未取得相应驾驶资格的；

(3)知道或者应当知道驾驶人因饮酒、服用国家管制的精神药品或者麻醉药品，或者患有妨碍安全驾驶机动车的疾病等依法不能驾驶机动车的；

(4)其它应当认定机动车所有人或者管理人有过错的。

22. 对公安机关交通管理部门出具的事故认定书认定的事故事实和作出的事故责任划分不服，能否提起行政诉讼?

【解答】

交警部门出具的事故认定书只是作为处理交通事故认定案件事实和责任划分的证据使用，不属于具体行政行为，不能向人民法院提起行政诉讼。如事故当事人能提供相反证据推翻交通事故认定书认定的事实的，可以由人民法院在审理交通事故民事案件中根据查明的事实对事故责任依法进行重新认定。

【法律依据】

《道路交通安全法》第七十三条 公安机关交通管理部门应当根据交通事故现场勘验、检查、调查情况和有关的检验、鉴定结论，及时制作交通事故的认定书，作为处理交通事故的证据。交通事故认定书应当载明交通事故的基本事实、成因和当事人的责任，并送达当事人。

全国人民代表大会常务委员会法制工作委员会《关于交通事故责任认定行为是否属于具体行政行为，可否纳入行政诉讼受案范围的意见》(法工办复字〔2005〕1号)

湖南省人大常委会法规工作委员会：

你委2004年12月17日(湘人法工函〔2004〕36号)来函收悉。经研究，答复如下：根据道路交通安全法第七十三条的规定，公安机关交通管理部门制作的交通事故认定书，作为处理交通事故案件的证据使用。因此，交通事故责任认定行为不属于具体行政行为，不能向人民法院提起行政诉讼。如果当事人对交通事故认定书牵连的民事赔偿不服的，可以向人民法院提起民事诉讼。

最高人民法院《关于审理道路交通事故损害赔偿案件适用法律若干问题的解释》(法释[2012]19号)第二十七条 公安机关交通管理部门制作的交通事故认定书，人民法院应依法审查并确认其相应的证明力，但有相反证据推翻的除外。

23. 非机动车驾驶人为避让机动车，在双方车辆没有接触的情况下导致自己发生事故受伤的，机动车驾驶员承担赔偿责任吗？

【解答】

机动车与非机动车没有接触，但非机动车驾驶员受伤系避让机动车造成的，两者之间具有因果关系，故机动车一方负有赔偿责任，赔偿责任的具体确定方式要看非机动车驾驶员是否有过错，在非机动车驾驶员没有过错的情况下，由机动车一方承担全部赔偿责任；如非机动车驾驶员一方有过错的，根据其过错程度减轻机动车一方的赔偿责任。

【法律依据】

《道路交通安全法》第七十六条　机动车发生交通事故造成人身伤亡、财产损失的，由保险公司在机动车第三者责任强制保险责任限额范围内予以赔偿。超过责任限额的部分，按照下列方式承担赔偿责任：

(1)机动车之间发生交通事故的，由有过错的一方承担责任；双方都有过错的，按照各自过错的比例分担责任。

(2)机动车与非机动车驾驶人、行人之间发生交通事故的，由机动车一方承担责任；但是，有证据证明非机动车驾驶人、行人违反道路交通安全法律、法规，机动车驾驶人已经采取必要处置措施的，减轻机动车一方的责任。

交通事故的损失是由非机动车驾驶人、行人故意造成的，机动车一方不承担责任。

《侵权责任法》第六条　行为人因过错侵害他人民事权益，应当承担侵权责任。

根据法律规定推定行为人有过错，行为人不能证明自己没有过错的，应当承担侵权责任。

24. 交警部门未对事故作出事故责任认定的，事故赔偿责任如何认定？

【解答】

交警部门因事故成因无法查清而不能对事故责任进行认定的，应当出具道路交通事故证明，载明道路交通事故发生的时间、地点、当事人情况及调查得到的事实，分别送达当事人。如各方当事人不能对事故赔偿达成一致，则一方当事人可以向人民法院起诉，各方当事人在诉讼过程中均应就对方当事人存在过错承担举证责任，由人民法院根据各方当事人的举证情况和查明的事实，综合判断各方的过错程度后对事故责任依法进行认定。

【法律依据】

《道路交通安全法》第七十三条　公安机关交通管理部门应当根据交通事故现场勘验、检查、调查情况和有关的检验、鉴定结论，及时制作交通事故的认定书，作为处理交通事故的证据。交通事故认定书应当载明交通事故的基本事实、成因和当事人的责任，并送达当事人。

《道路交通事故处理程序规定》(2018 年 5 月 1 日修正)第六十条　公安机关交通管理部门应当根据当事人的行为对发生道

路交通事故所起的作用以及过错的严重程度，确定当事人的责任。

(1)因一方当事人的过错导致道路交通事故的，承担全部责任；

(2)因两方或者两方以上当事人的过错发生道路交通事故的，根据其行为对事故发生的作用以及过错的严重程度，分别承担主要责任、同等责任和次要责任；

(3)各方均无导致道路交通事故的过错，属于交通意外事故的，各方均无责任。

一方当事人故意造成道路交通事故的，他方无责任。

《道路交通事故处理程序规定》(2018年5月1日修正)第六十七条　道路交通事故基本事实无法查清、成因无法判定的，公安机关交通管理部门应当出具道路交通事故证明，载明道路交通事故发生的时间、地点、当事人情况及调查得到的事实，分别送达当事人，并告知申请复核、调解和提起民事诉讼的权利、期限。

25. 机动车同时投保交强险和商业三者险发生交通事故造成人员伤亡的，被侵权人如何获得赔偿？

【解答】

如就赔偿事宜协商不成，被侵权人可以将侵权人及事故车辆投保的保险公司一并起诉，在保险公司没有拒赔情形的前提下，先由保险公司在交强险责任限额范围内赔偿，不足部分，由事故各方当事人根据事故责任比例赔偿，承保商业三者险的保险公司在商业三者险范围内根据保险合同予以赔偿。

【法律依据】

《道路交通安全法》第七十六条 机动车发生交通事故造成人身伤亡、财产损失的，由保险公司在机动车第三者责任强制保险责任限额范围内予以赔偿。超过责任限额的部分，按照下列方式承担赔偿责任：

(1)机动车之间发生交通事故的，由有过错的一方承担责任；双方都有过错的；按照各自过错的比例分担责任。

(2)机动车与非机动车驾驶人、行人之间发生交通事故的，由机动车一方承担责任；但是，有证据证明非机动车驾驶人、行人违反道路交通安全法律、法规，机动车驾驶人已经采取必要处置措施的，减轻机动车一方的责任。

交通事故的损失是由非机动车驾驶人、行人故意造成的，机动车一方不承担责任。

最高人民法院《关于审理道路交通事故损害赔偿案件适用法律若干问题的解释》(法释[2012]19号)第十六条 同时投保机动车第三者责任强制保险(以下简称“交强险”)和第三者责任商业保险(以下简称“商业三者险”)的机动车发生交通事故造成损害，当事人同时起诉侵权人和保险公司的，人民法院应当按照下列规则确定赔偿责任：

(1)先由承保交强险的保险公司在责任限额范围内予以赔偿；

(2)不足部分，由承保商业三者险的保险公司根据保险合同予以赔偿；

(3)仍有不足的，依照道路交通安全法和侵权责任法的相关规定由侵权人予以赔偿。被侵权人或者其近亲属请求承保交强险的保险公司优先赔偿精神损害的，人民法院应予支持。

26. 超过法定退休年龄的人发生交通事故造成损害，其主张的误工费能否得到支持？

【解答】

法律并未规定超过法定退休年龄的人员发生交通事故造成损害的，其误工费不予支持，对于超过法定退休年龄的人员发生交通事故主张误工费的，如其能够提供充足的证据证明其存在误工损失的，其合理的误工费主张应当得到支持。

【法律依据】

《侵权责任法》第十六条　侵害他人造成人身损害的，应当赔偿医疗费、护理费、交通费等为治疗和康复支出的合理费用，以及因误工减少的收入。造成残疾的，还应当赔偿残疾生活辅助具费和残疾赔偿金。造成死亡的，还应当赔偿丧葬费和死亡赔偿金。

最高人民法院《关于审理人身损害赔偿案件适用法律若干问题的解释》(法释[2003]20号)第十七条第一款　受害人遭受人身损害，因就医治疗支出的各项费用以及因误工减少的收入，包括医疗费、误工费、护理费、交通费、住宿费、住院伙食补助费、必要的营养费，赔偿义务人应当予以赔偿。

最高人民法院《关于审理人身损害赔偿案件适用法律若干问题的解释》(法释[2003]20号)第二十条　误工费根据受害人的误工时间和收入状况确定。

误工时间根据受害人接受治疗的医疗机构出具的证明确定。受害人因伤致残持续误工的，误工时间可以计算至定残日前一天。

27. 未满16周岁的人发生交通事故造成损害，其主张的误工费能否得到支持？

【解答】

误工费系受害人因不能正常工作而导致减少的合法收入，对于未满16周岁的人因交通事故受伤主张误工费能否得到支持要看该收入是否合法。我国法律规定禁止用人单位招用未满十六周岁的未成年人，故未满十六周岁的未成年人主张误工费原则上不予支持。但如果系文艺、体育和特种工艺单位招用未满十六周岁的未成年人，且依照国家有关规定，履行审批手续，并保障其接受义务教育权利的前提下，确因交通事故造成误工损失的，对其误工费主张应依法予以支持。

【法律依据】

《劳动法》第十五条　禁止用人单位招用未满十六周岁的未成年人。

文艺、体育和特种工艺单位招用未满十六周岁的未成年人，必须依照国家有关规定，履行审批手续，并保障其接受义务教育的权利。

《侵权责任法》第十六条　侵害他人造成人身损害的，应当赔偿医疗费、护理费、交通费等为治疗和康复支出的合理费用，以及因误工减少的收入。造成残疾的，还应当赔偿残疾生活辅助具费和残疾赔偿金。造成死亡的，还应当赔偿丧葬费和死亡赔偿金。

最高人民法院《关于审理人身损害赔偿案件适用法律若干问题的解释》(法释[2003]20号)第十七条第一款　受害人遭受人身损害，因就医治疗支出的各项费用以及因误工减少的收入，包括医疗费、误工费、护理费、交通费、住宿费、住院伙食补助费、必要的营养费，赔偿义务人应当予以赔偿。

最高人民法院《关于审理人身损害赔偿案件适用法律若干问题的解释》(法释[2003]20号)第二十条　误工费根据受害人的误工时间和收入状况确定。

误工时间根据受害人接受治疗的医疗机构出具的证明确定。受害人因伤致残持续误工的，误工时间可以计算至定残日前一天。

28. 交通事故造成死亡的，丧葬费如何计算？殡葬服务费、尸体冷藏、火化等实际支出费用能否另行主张？

【解答】

丧葬费按受诉法院所在地上一年度月平均工资标准，以六个月总额计算，殡葬服务费、尸体冷藏、火化等实际支出费用包含在按上一年度月平均工资标准计算的六个月总额中，不能另行计算和主张。

【法律依据】

《侵权责任法》第六十条　侵害他人造成人身损害的，应当赔偿医疗费、护理费、交通费等为治疗和康复支出的合理费用，以及因误工减少的收入。造成残疾的，还应当赔偿残疾生活辅助具费和残疾赔偿金。造成死亡的，还应当赔偿丧葬费和死亡赔偿金。

最高人民法院《关于审理人身损害赔偿案件适用法律若干问题的解释》(法释[2003]20号)第十七条 受害人遭受人身损害，因就医治疗支出的各项费用以及因误工减少的收入，包括医疗费、误工费、护理费、交通费、住宿费、住院伙食补助费、必要的营养费，赔偿义务人应当予以赔偿。

受害人因伤致残的，其因增加生活上需要所支出的必要费用以及因丧失劳动能力导致的收入损失，包括残疾赔偿金、残疾辅助器具费、被扶养人生活费，以及因康复护理、继续治疗实际发生的必要的康复费、护理费、后续治疗费，赔偿义务人也应当予以赔偿。

受害人死亡的，赔偿义务人除应当根据抢救治疗情况赔偿本条第一款规定的相关费用外，还应当赔偿丧葬费、被扶养人生活费、死亡补偿费以及受害人亲属办理丧葬事宜支出的交通费、住宿费和误工损失等其他合理费用。

最高人民法院《关于审理人身损害赔偿案件适用法律若干问题的解释》(法释[2003]20号)第二十七条 丧葬费按照受诉法院所在地上一年度职工月平均工资标准，以六个月总额计算。

29. 交通事故造成受害人残疾或死亡的，是否赔偿被抚养人生活费及如何计算?

【解答】

因交通事故造成受害人残疾或死亡的，如受害人有依法应当承担抚养义务的未成年人或者丧失劳动能力又无其他生活来源的成年近亲属的，则侵权人应赔偿被抚养人生活费。被抚养人生活费的计算方式为根据受害人丧失劳动能力程度，按照受诉法院所在地上一年度城镇居民人均消费性支出和农村居民人均年生活消费支出标准计算。被扶养人为未成年人的，计算至十八周岁；被扶养人无劳动能力又无其他生活来源的，计算二十年。但六十周岁以上的，年龄每增加一岁减少一年；七十五周岁以上的，按五年计算。

【法律依据】

《侵权责任法》第十六条　侵害他人造成人身损害的，应当赔偿医疗费、护理费、交通费等为治疗和康复支出的合理费用，以及因误工减少的收入。造成残疾的，还应当赔偿残疾生活辅助具费和残疾赔偿金。造成死亡的，还应当赔偿丧葬费和死亡赔偿金。

最高人民法院《关于审理人身损害赔偿案件适用法律若干问题的解释》(法释[2003]20号)第十七条　受害人遭受人身损害，因就医治疗支出的各项费用以及因误工减少的收入，包括医疗费、误工费、护理费、交通费、住宿费、住院伙食补助费、必要的营养费，赔偿义务人应当予以赔偿。

受害人因伤致残的，其因增加生活上需要所支出的必要费用以及因丧失劳动能力导致的收入损失，包括残疾赔偿金、残疾辅助器具费、被扶养人生活费，以及因康复护理、继续治疗实际发生的必要的康复费、护理费、后续治疗费，赔偿义务人也应当予以赔偿。

受害人死亡的，赔偿义务人除应当根据抢救治疗情况赔偿本条第一款规定的相关费用外，还应当赔偿丧葬费、被扶养人生活费、死亡补偿费以及受害人亲属办理丧葬事宜支出的交通费、住宿费和误工损失等其他合理费用。

最高人民法院《关于审理人身损害赔偿案件适用法律若干问题的解释》(法释[2003]20号)第二十八条 被扶养人生活费根据扶养人丧失劳动能力程度，按照受诉法院所在地上一年度城镇居民人均消费性支出和农村居民人均年生活消费支出标准计算。被扶养人为未成年人的，计算至十八周岁；被扶养人无劳动能力又无其他生活来源的，计算二十年。但六十周岁以上的，年龄每增加一岁减少一年；七十五周岁以上的，按五年计算。

被扶养人是指受害人依法应当承担扶养义务的未成年人或者丧失劳动能力又无其他生活来源的成年近亲属。被扶养人还有其他扶养人的，赔偿义务人只赔偿受害人依法应当负担的部分。被扶养人有数人的，年赔偿总额累计不超过上一年度城镇居民人均消费性支出额或者农村居民人均年生活消费支出额。

最高人民法院《关于适用中华人民共和国侵权责任法若干问题的通知》》(法发[2010]23号)第四条 人民法院适用侵权责任法审理民事纠纷案件，如受害人有被抚养人的，应当依据《最高人民法院关于审理人身损害赔偿案件适用法律若干问题的解释》第二十八条的规定，将被抚养人生活费计入残疾赔偿金或死亡赔偿金。

30. 交通事故造成受害人死亡的，侵权人对于受害人死亡时尚未出生的子女是否负有赔偿责任？

【解答】

侵权人对于受害人死亡时尚未出生的子女负有赔偿责任，除侵权人同意在该子女出生前赔偿外，应待子女出生后区别情形，如子女出生后是活体的，可另行主张被抚养人生活费，如子女出生后是死体的，则不能主张被抚养人生活费。根据我国法律规定，侵害公民身体造成伤害的，赔偿项目包括死者生前抚养的人必要的生活费，该“死者生前抚养的人”，应理解为既包括死者生前实际抚养的人，也应包括应当由死者抚养，但由于死亡的发生，未能抚养的尚未出生的子女。

【法律依据】

《民法总则》第十三条　自然人从出生时起到死亡时止，具有民事权利能力，依法享有民事权利，承担民事义务。

《民法总则》第十六条　涉及遗产继承、接受赠与等胎儿利益保护的，胎儿视为具有民事权利能力。但是胎儿娩出时为死体的，其民事权利能力自始不存在。

《民法通则》第一百一十九条　侵害公民身体造成伤害的，应当赔偿医疗费、因误工减少的收入、残废者生活补助费等费用；造成死亡的，并应当支付丧葬费、死者生前扶养的人必要的生活费等费用。

《侵权责任法》第十六条 侵害他人造成人身损害的，应当赔偿医疗费、护理费、交通费等为治疗和康复支出的合理费用，以及因误工减少的收入。造成残疾的，还应当赔偿残疾生活辅助具费和残疾赔偿金。造成死亡的，还应当赔偿丧葬费和死亡赔偿金。

最高人民法院《关于审理人身损害赔偿案件适用法律若干问题的解释》(法释[2003]20号)第二十八条 被扶养人生活费根据扶养人丧失劳动能力程度，按照受诉法院所在地上一年度城镇居民人均消费性支出和农村居民人均年生活消费支出标准计算。被扶养人为未成年人的，计算至十八周岁；被扶养人无劳动能力又无其他生活来源的，计算二十年。但六十周岁以上的，年龄每增加一岁减少一年；七十五周岁以上的，按五年计算。

被扶养人是指受害人依法应当承担扶养义务的未成年人或者丧失劳动能力又无其他生活来源的成年近亲属。被扶养人还有其他扶养人的，赔偿义务人只赔偿受害人依法应当负担的部分。被扶养人有数人的，年赔偿总额累计不超过上一年度城镇居民人均消费性支出额或者农村居民人均年生活消费支出额。

最高人民法院《关于适用中华人民共和国侵权责任法若干问题的通知》》(法发[2010]23号)第四条 人民法院适用侵权责任法审理民事纠纷案件，如受害人有被抚养人的，应当依据《最高人民法院关于审理人身损害赔偿案件适用法律若干问题的解释》第二十八条的规定，将被抚养人生活费计入残疾赔偿金或死亡赔偿金。

31. 交通事故造成受害人面部受伤构成残疾的，受害人能否一并主张残疾赔偿金和整形费用?

【解答】

交通事故造成受害人面部受伤构成残疾的，受害人有权要求侵权方赔偿残疾赔偿金和整形费用，如做法医鉴定时，鉴定机构对伤残等级和整形费用一并出具鉴定意见的，可以在同一案件中一并起诉；如做法医鉴定时，鉴定机构仅对伤残等级出具鉴定意见，未对整形费用出具鉴定意见，则受害人可以在整形费用实际发生后另行起诉予以主张。

【法律依据】

《侵权责任法》第十六条　侵害他人造成人身损害的，应当赔偿医疗费、护理费、交通费等为治疗和康复支出的合理费用，以及因误工减少的收入。造成残疾的，还应当赔偿残疾生活辅助具费和残疾赔偿金。造成死亡的，还应当赔偿丧葬费和死亡赔偿金。

最高人民法院《关于审理人身损害赔偿案件适用法律若干问题的解释》(法释[2003]20号)第十九条第二款　医疗费的赔偿数额，按照一审法庭辩论终结前实际发生的数额确定。器官功能恢复训练所必要的康复费、适当的整容费以及其他后续治疗费，赔偿权利人可以待实际发生后另行起诉。但根据医疗证明或者鉴定结论确定必然发生的费用，可以与已经发生的医疗费一并予以赔偿。

32. 超过确定的给付年限的，受害人能否要求继续给付护理费、残疾辅助器具费、残疾赔偿金？

【解答】

超过确定的给付年限的，如果赔偿权利人经法医鉴定部门鉴定确需继续护理、配制辅助器具，或者没有劳动能力和生活来源的，可以要求侵权方继续给付护理费、残疾辅助器具费、残疾赔偿金五至十年。

【法律依据】

最高人民法院《关于审理人身损害赔偿案件适用法律若干问题的解释》（法释［2003］20号）第三十二条　超过确定的护理期限、辅助器具费给付年限或者残疾赔偿金给付年限，赔偿权利人向人民法院起诉请求继续给付护理费、辅助器具费或者残疾赔偿金的，人民法院应予受理。赔偿权利人确需继续护理、配制辅助器具，或者没有劳动能力和生活来源的，人民法院应当判令赔偿义务人继续给付相关费用五至十年。

33. 交通事故造成受害人牙齿缺失构成伤残，安装义齿产生的费用是否属于残疾辅助器具费？能否与残疾赔偿金一并获得赔偿？

【解答】

残疾辅助器具费，是因伤致残的受害人为补偿其遭受创伤的肢体器官功能，辅助其实现生活自理或者从事生产劳动而购买配置的生活自助器具。安装义齿是为了恢复受害人遭受创伤器官的功能，填补缺失，符合残疾辅助器具费的特征，是否需要配置残疾辅助器具不以是否达到伤残等级为前提，而应以恢复器官功能为标准，由此产生的费用为残疾辅助器具费。

故交通事故造成受害人牙齿缺失构成伤残，安装义齿产生的费用属于残疾辅助器具费，能够与残疾赔偿金一并获得赔偿。

【法律依据】

《侵权责任法》第十六条　侵害他人造成人身损害的，应当赔偿医疗费、护理费、交通费等为治疗和康复支出的合理费用，以及因误工减少的收入。造成残疾的，还应当赔偿残疾生活辅助具费和残疾赔偿金。造成死亡的，还应当赔偿丧葬费和死亡赔偿金。

34. 农业户籍的受害人因交通事故造成伤残或死亡的，其残疾赔偿金或死亡赔偿金按城镇标准计算的条件是什么？

【解答】

农业户籍的受害人，原则上有证据证明其在城镇居住、工作均满一年以上，即其经常居住地为城镇和主要收入来源为非农业收入的，则残疾赔偿金或死亡赔偿金可以按城镇标准计算，但这并非按城镇标准计算的唯一标准，审判实践中也会根据案件的具体情况，结合受害人经常居住地或主要收入来源等因素来判断是否适用城镇标准计算。

【法律依据】

《侵权责任法》第十六条　侵害他人造成人身损害的，应当赔偿医疗费、护理费、交通费等为治疗和康复支出的合理费用，以及因误工减少的收入。造成残疾的，还应当赔偿残疾生活辅助具费和残疾赔偿金。造成死亡的，还应当赔偿丧葬费和死亡赔偿金。

最高人民法院民一庭《关于经常居住地在城镇的农村居民因交通事故伤亡如何计算赔偿费用》的复函[2005]民他字第25号

云南省高级人民法院：

你院《关于罗金会等五人与云南昭通交通运输集团公司旅客运输合同纠纷一案所涉法律理解及适用问题的请示》收悉。经研究，答复如下：人身损害赔偿案件中，残疾赔偿金、死亡赔偿金和被扶养人生活费的计算，应当根据案件的实际情况，结合受害人住所地、经常居住地等因素，确定适用城镇居民人均可支配收入(人均消费性支出)或者农村居民人均纯收入(人均年生活消费支出)的标准。本案中，受害人唐顺亮虽然农村户口，但在城市经商、居住，其经常居住地和主要收入来源地均为城市，有关损害赔偿费用应当根据当地城镇居民的相关标准计算。

35. 驾驶机动车发生交通事故造成死亡构成犯罪的，驾驶人是否承担精神损害赔偿责任?

【解答】

驾驶机动车发生交通事故造成死亡构成犯罪的，驾驶人应依法承担精神损害赔偿责任。

【法律依据】

《侵权责任法》第十六条　侵害他人造成人身损害的，应当赔偿医疗费、护理费、交通费等为治疗和康复支出的合理费用，以及因误工减少的收入。造成残疾的，还应当赔偿残疾生活辅助具费和残疾赔偿金。造成死亡的，还应当赔偿丧葬费和死亡赔偿金。

《侵权责任法》第二十二条　侵害他人人身权益，造成他人严重精神损害的，被侵权人可以请求精神损害赔偿。

《道路交通安全法》第七十六条　机动车发生交通事故造成人身伤亡、财产损失的，由保险公司在机动车第三者责任强制保险责任限额范围内予以赔偿。超过责任限额的部分，按照下列方式承担赔偿责任：

(1)机动车之间发生交通事故的，由有过错的一方承担责任；双方都有过错的；按照各自过错的比例分担责任。

(2)机动车与非机动车驾驶人、行人之间发生交通事故的，由机动车一方承担责任；但是，有证据证明非机动车驾驶人、行人违反道路交通安全法律、法规，机动车驾驶人已经采取必要处置措施的，减轻机动车一方的责任。

交通事故的损失是由非机动车驾驶人、行人故意造成的，机动车一方不承担责任。

最高人民法院《关于审理道路交通事故损害赔偿案件适用法律若干问题的解释》(法释[2012]19号)第十四条 道路交通安全法第七十六条规定的"人身伤亡"，是指机动车发生交通事故侵害被侵权人的生命权、健康权等人身权益所造成的损害，包括《侵权责任法》第十六条和第二十二条规定的各项损害。

道路交通安全法第七十六条规定的"财产损失"，是指因机动车发生交通事故侵害被侵权人的财产权益所造成的损失。

最高人民法院《关于适用〈中华人民共和国刑事诉讼法〉的解释》(法释[2012]21号)第一百五十五条 对附带民事诉讼作出判决，应当根据犯罪行为造成的物质损失，结合案件具体情况，确定被告人应当赔偿的数额。

犯罪行为造成被害人人身损害的，应当赔偿医疗费、护理费、交通费等为治疗和康复支付的合理费用，以及因误工减少的收入。造成被害人残疾的，还应当赔偿残疾生活辅助具费等费用；造成被害人死亡的，还应当赔偿丧葬费等费用。

驾驶机动车致人伤亡或者造成公私财产重大损失，构成犯罪的，依照《中华人民共和国道路交通安全法》第七十六条的规定确定赔偿责任。

附带民事诉讼当事人就民事赔偿问题达成调解、和解协议的，赔偿范围、数额不受第二款、第三款规定的限制。

36. 发生交通事故造成车辆受损的，应赔偿哪些损失？

【解答】

对交通事故造成的车辆受损，应区分不同情况根据事故责任进行赔偿。如车辆受损后可以维修的，应赔偿车辆维修费、车辆施救费；如系营运车辆的，还应赔偿因无法从事相应经营活动而产生的合理停运损失；如系非营运车辆的，还应赔偿因无法使用而产生的替代性交通工具的合理费用；造成车辆灭失或报废的，应赔偿价值相当的车辆重置费用。

【法律依据】

最高人民法院《关于审理道路交通事故损害赔偿案件适用法律若干问题的解释》(法释[2012]19号)第十五条　因道路交通事故造成下列财产损失，当事人请求侵权人赔偿的，人民法院应予支持：

(1)维修被损坏车辆所支出的费用、车辆所载物品的损失、车辆施救费用；

(2)因车辆灭失或者无法修复，为购买交通事故发生时与被损坏车辆价值相当的车辆重置费用；

(3)依法从事货物运输、旅客运输等经营性活动的车辆，因无法从事相应经营活动所产生的合理停运损失；

(4)非经营性车辆因无法继续使用，所产生的通常替代性交通工具的合理费用。

37. 受损车辆的贬值损失能否得到赔偿？

【解答】

对交通事故造成的车辆受损的贬值损失是客观存在的，但因种种原因及没有明确的法律依据，审判实践中对于车辆贬值损失原则上不予支持。

【法律依据】

最高人民法院《关于审理道路交通事故损害赔偿案件适用法律若干问题的解释》（法释[2012]19号）第十五条　因道路交通事故造成下列财产损失，当事人请求侵权人赔偿的，人民法院应予支持：

（1）维修被损坏车辆所支出的费用、车辆所载物品的损失、车辆施救费用；

（2）因车辆灭失或者无法修复，为购买交通事故发生时与被损坏车辆价值相当的车辆重置费用；

（3）依法从事货物运输、旅客运输等经营性活动的车辆，因无法从事相应经营活动所产生的合理停运损失；

（4）非经营性车辆因无法继续使用，所产生的通常替代性交通工具的合理费用。

地方法院会议纪要

《上海市高级人民法院民事审判第一庭道路交通事故纠纷案件疑难问题研讨会会议纪要》（2011年12月31日）

（13）车辆贬损是否能获得支持

我们认为，《侵权责任法》第5条规定了多种侵权责任承担方式恢复原状和赔偿损失承担着不同的功能。侵权人已经赔偿了修复的费用，一般情况下可以认为对受损车辆损害进行了赔偿，关于当事人主张赔偿车辆因交通事故产生贬值损失，实际缺乏客观评定标准，原则上不应支持。高院也多次通过不同途径强调。对于特殊情况下需要支持的，应当综合考虑车辆的受损程度、使用年限等因素慎重认定。

山东省高级人民法院《关于印发全省民事审判工作会议纪要的通知》(鲁高法［2011］297号)

(13)关于因交通事故造成的机动车贬值损失是否予以赔偿的问题

机动车贬值损失一般是指机动车发生交通事故后，其使用性能虽已恢复，其本身经济价值却会因发生交通事故而降低所造成的损失，其实质为民法理论上所称的纯粹经济损失。对于因交通事故造成的机动车贬值损失是否予以赔偿，我国现行法律没有明确规定。由于没有相应的法律依据，且机动车贬值损失的认定受机动车本身状况、机动车的用途、市场价格等多种因素的影响，具有多变性和不可确定性。因此，不宜支持交通事故受害人要求赔偿义务人赔偿机动车贬值损失的诉讼请求。

38. 车上人员被甩出车外后受伤的是否属于“第三者责任险”的赔偿范围？

【解答】

车上人员被甩出车外后受伤的，不属于“第三者责任险”中的

“第三者”范畴，不属于“第三者责任险”的赔偿范围。

【法律依据】

《机动车交通事故责任强制保险条例》(2016年2月6日修订)

第三条 本条例所称机动车交通事故责任强制保险，是指由保险公司对被保险机动车发生道路交通事故造成本车人员、被保险人以外的受害人的人身伤亡、财产损失，在责任限额内予以赔偿的强制性责任保险。

第二十一条第一款 被保险机动车发生道路交通事故造成本车人员、被保险人以外的受害人人身伤亡、财产损失的，由保险公司依法在机动车交通事故责任强制保险责任限额范围内予以赔偿。

地方法院指导意见

广东省深圳市中级人民法院《关于道路交通事故损害赔偿纠纷案件的裁判指引》(深中法发[2014]3号)第二条 本车驾驶人被本车撞击导致伤亡的，该人员不属于交强险中的第三者，不属于交强险的赔偿范围。本车人员下车后，被本车撞击导致伤亡的，该人员属于交强险的第三者，应属于本车交强险的赔偿范围。本车人员发生交通事故时被甩出车外后被本车碾压导致伤亡的，该人员不属于交强险中的第三者，不属于交强险赔偿范围。

39. 特种作业车辆施工过程中造成他人损害的，是否属于交强险的赔偿范围？

【解答】

挖掘机、吊车等特种作业车辆的主要用途是在工地等施工场所作业，而并非主要用于交通通行，其除在交通通行状态可能发生交通事故外，更多的事故亦会在其发挥特种功能的作业过程中，依照交强险保障受害人得到及时有效的基本赔偿的立法精神，特种车辆在进行作业过程中发生的责任，应当参照适用《机动车交通事故责任纠纷强制保险条例》的有关规定进行赔偿，故特种作业车辆施工过程中造成他人损害的，属于交强险的赔偿范围。

【法律依据】

《机动车交通事故责任强制保险条例》（2016年2月6日修订）

第三条　本条例所称机动车交通事故责任强制保险，是指由保险公司对被保险机动车发生道路交通事故造成本车人员、被保险人以外的受害人的人身伤亡、财产损失，在责任限额内予以赔偿的强制性责任保险。

第四十三条　机动车在道路以外的地方通行时发生事故，造成人身伤亡、财产损失的赔偿，比照适用本条例。

40. 机动车在道路以外通行发生事故的，交强险是否予以赔偿？

【解答】

机动车在道路以外通行发生事故的，交强险应当予以赔偿。

【法律依据】

《道路交通安全法》第七十七条　车辆在道路以外通行时发生的事故，公安机关交通管理部门接到报案的，参照本法有关规定办理。

《机动车交通事故责任强制保险条例》(2016 年 2 月 6 日修订)

第四十三条　机动车在道路以外的地方通行时发生事故，造成人身伤亡、财产损失的赔偿，比照适用本条例。

最高人民法院《关于审理道路交通事故损害赔偿案件适用法律若干问题的解释》(法释[2012]19 号)第二十八条　机动车在道路以外的地方通行时引发的损害赔偿案件，可以参照适用本解释的规定。

41. 机动车双方均未投保交强险，发生交通事故时如何赔偿？

【解答】

机动车双方均未投保交强险，发生交通事故时，由投保义务人在应投保的交强险范围内向对方承担赔偿责任，超出责任限额外的损失，则按照各自的过错程度来分担赔偿。

【法律依据】

《道路交通安全法》第七十六条　机动车发生交通事故造成人身伤亡、财产损失的，由保险公司在机动车第三者责任强制保险责任限额范围内予以赔偿。超过责任限额的部分，按照下列方式承担赔偿责任：

(1)机动车之间发生交通事故的，由有过错的一方承担责任；双方都有过错的；按照各自过错的比例分担责任。

(2)机动车与非机动车驾驶人、行人之间发生交通事故的，由机动车一方承担责任；但是，有证据证明非机动车驾驶人、行人违反道路交通安全法律、法规，机动车驾驶人已经采取必要处置措施的，减轻机动车一方的责任。

交通事故的损失是由非机动车驾驶人、行人故意造成的，机动车一方不承担责任。

《道路交通安全法》第九十八条第一款　机动车所有人、管理人未按照国家规定投书机动车第三者责任强制保险的，由公安机关交通管理部门扣留车辆至依照规定投保后，并处依照规定投保最低责任限额应缴纳的保险费的二倍罚款。

《机动车交通事故责任强制保险条例》(2016年2月6日修订)

第二条第一款　在中华人民共和国境内道路上行驶的机动车的所有人或者管理人，应当依照《中华人民共和国道路交通安全法》的规定投保机动车交通事故责任强制保险。

最高人民法院《关于审理道路交通事故损害赔偿案件适用法律若干问题的解释》(法释[2012]19号)第十九条第一款　未依法投保交强险的机动车发生交通事故造成损害，当事人请求投保义务人在交强险责任限额范围内予以赔偿的，人民法院应予支持。

42. 多辆机动车发生交通事故均对受害人造成损害的情况下，各事故车辆的交强险如何赔偿？

【解答】

多辆机动车发生交通事故均对受害人造成损害的情况下，受害人的损失超过各机动车交强险责任限额之和的，由各保险公司在各自责任限额范围内承担赔偿责任；损失未超出各机动车交强险责任限额之和，由各保险公司按照其责任限额与责任限额之和的比例承担赔偿责任的。

【法律依据】

《道路交通安全法》第七十六条　机动车发生交通事故造成人身伤亡、财产损失的，由保险公司在机动车第三者责任强制保险责任限额范围内予以赔偿。超过责任限额的部分，按照下列方式承担赔偿责任：

(1)机动车之间发生交通事故的，由有过错的一方承担责任；双方都有过错的；按照各自过错的比例分担责任。

(2)机动车与非机动车驾驶人、行人之间发生交通事故的，由机动车一方承担责任；但是，有证据证明非机动车驾驶人、行人违反道路交通安全法律、法规，机动车驾驶人已经采取必要处置措施的，减轻机动车一方的责任。

交通事故的损失是由非机动车驾驶人、行人故意造成的，机动车一方不承担责任。

最高人民法院《关于审理道路交通事故损害赔偿案件适用法律若干问题的解释》(法释[2012]19号)第二十一条第一款　多辆机动车发生交通事故造成第三人损害，损失超出各机动车交强险责任限额之和的，由各保险公司在各自责任限额范围内承担赔偿责任；损失未超出各机动车交强险责任限额之和，当事人请求由各保险公司按照其责任限额与责任限额之和的比例承担赔偿责任的，人民法院应予支持。

43. 多辆机动车发生交通事故，其中一车未投保交强险，受害人能否要求承保交强险的保险公司在交强险责任限额内先行赔偿？

【解答】

多辆机动车发生交通事故均对受害人造成损害，其中一辆机动车未投保交强险，受害人可以请求先由已承保交强险的保险公司在责任限额范围内予以赔偿。保险公司赔偿后可以就超出其应承担的部分向未投保交强险的投保义务人或者驾驶人进行追偿。

【法律依据】

《道路交通安全法》第七十六条　机动车发生交通事故造成

人身伤亡、财产损失的，由保险公司在机动车第三者责任强制保险责任限额范围内予以赔偿。超过责任限额的部分，按照下列方式承担赔偿责任：

(1)机动车之间发生交通事故的，由有过错的一方承担责任；双方都有过错的；按照各自过错的比例分担责任。

(2)机动车与非机动车驾驶人、行人之间发生交通事故的，由机动车一方承担责任；但是，有证据证明非机动车驾驶人、行人违反道路交通安全法律、法规，机动车驾驶人已经采取必要处置措施的，减轻机动车一方的责任。

交通事故的损失是由非机动车驾驶人、行人故意造成的，机动车一方不承担责任。

最高人民法院《关于审理道路交通事故损害赔偿案件适用法律若干问题的解释》(法释[2012]19号)第二十一条第三款

多辆机动车发生交通事故造成第三人损害，其中部分机动车未投保交强险，当事人请求先由已承保交强险的保险公司在责任限额范围内予以赔偿的，人民法院应予支持。保险公司就超出其应承担的部分向未投保交强险的投保义务人或者侵权人行使追偿权的，人民法院应予支持。

44. 多辆机动车发生交通事故，其中一车无责，交强险应如何赔付？

【解答】

多辆机动车发生交通事故均对受害人造成损害，其中一辆机动车不负事故责任的，无责一方的保险公司仅在无责责任限额范围内承担赔偿责任。受害人的损失超过各机动车交强险责任限额之和的，由各保险公司在各自责任限额范围内承担赔偿责任；损失未超出各机动车交强险责任限额之和，由各保险公司按照其责任限额与责任限额之和的比例承担赔偿责任的。

【法律依据】

《道路交通安全法》第七十六条 机动车发生交通事故造成人身伤亡、财产损失的，由保险公司在机动车第三者责任强制保险责任限额范围内予以赔偿。超过责任限额的部分，按照下列方式承担赔偿责任：

(1)机动车之间发生交通事故的，由有过错的一方承担责任；双方都有过错的；按照各自过错的比例分担责任。

(2)机动车与非机动车驾驶人、行人之间发生交通事故的，由机动车一方承担责任；但是，有证据证明非机动车驾驶人、行人违反道路交通安全法律、法规，机动车驾驶人已经采取必要处置措施的，减轻机动车一方的责任。

交通事故的损失是由非机动车驾驶人、行人故意造成的，机动车一方不承担责任。

最高人民法院《关于审理道路交通事故损害赔偿案件适用法律若干问题的解释》(法释[2012]19号)第二十一条第一款 多辆机动车发生交通事故造成第三人损害，损失超出各机动车交强险责任限额之和的，由各保险公司在各自责任限额范围内承担赔偿责任；损失未超出各机动车交强险责任限额之和，当事人请求由各保险公司按照其责任限额与责任限额之和的比例承担赔偿责任的，人民法院应予支持。

45. 保险公司以车辆转籍为由解除交强险并拒绝赔付是否应予支持？

【解答】

交强险是为第三人的利益而设立的具有强制性、公益性和保障性功能。基于机动车交通事故责任强制保险的性质，交强险合同非依法定的理由不得随意解除，故保险公司仅以车辆转籍为由解除交强险合同并拒绝赔付的，不能得到支持。

【法律依据】

《机动车交通事故责任强制保险条例》(2016年2月6日修订)

第二条第一款　在中华人民共和国境内道路上行驶的机动车的所有人或者管理人，应当依照《中华人民共和国道路交通安全法》的规定投保机动车交通事故责任强制保险。

第十六条　投保人不得解除机动车交通事故责任强制保险合同，但有下列情形之一的除外：

(1)被保险机动车被依法注销登记的；

(2)被保险机动车办理停驶的；

(3)被保险机动车经公安机关证实丢失的。

最高人民法院《关于审理道路交通事故损害赔偿案件适用法律若干问题的解释》(法释[2012]19号)第二十条　具有从事交强险业务资格的保险公司违法拒绝承保、拖延承保或者违法解除交强险合同，投保义务人在向第三人承担赔偿责任后，请求该保险公司在交强险责任限额范围内承担相应赔偿责任的，人民法院应予支持。

46. 学员在教练员陪同下练车发生交通事故的，交强险是否应予赔付？

【解答】

近年来，驾校学员练车发生交通事故屡见不鲜，驾校学员、驾校以及保险公司关于保险赔偿问题分歧较大。结合交强险的强制性、公益性和保障性功能及相关法律规定的精神，审判实践中，在不存在责任免除的情形下，学员在教练员陪同下练车发生交通事故的，属于保险责任范围，交强险应当予以赔付。

【法律依据】

《保险法》第六十五条第四款　责任保险是指以被保险人对第三者依法应付的赔偿责任为保险标的的保险。

最高人民法院《关于审理道路交通事故损害赔偿案件适用法律若干问题的解释》（法释[2012]19号）第七条　接受机动车驾驶培训的人员，在培训活动中驾驶机动车发生交通事故造成损害，属于该机动车一方责任，当事人请求驾驶培训单位承担赔偿责任的，人民法院应予支持。

47. 无证驾驶机动车造成第三人人身损害的，保险公司是否仍应在交强险范围内承担赔偿责任？

【解答】

交强险保险人承担的是无过错的赔偿责任，其突破一般保险赔偿责任理论，与一般侵权责任和合同责任不同的是，其对违法情形下的损害仍然予以赔偿。对于受害人而言，无论机动车驾驶人是否具有驾驶资格，受害人对此均无责任，受害人因驾驶人的一般过失行为尚且可以请求保险公司赔偿，而驾驶人具有无证驾驶的严重过失行为，保险公司在交强险范围内更应对受害人人身伤亡予以赔付，故无证驾驶机动车造成第三人人身损害的，保险公司仍应在交强险范围内承担赔偿责任。保险公司在交强险范围内向受害人赔付后，可以在赔偿范围内向相关侵权人主张追偿。但需要说明的是，如果在无证的情况下造成财产损失的，则保险公司不予赔偿。

【法律依据】

《机动车交通事故责任强制保险条例》(2016 年 2 月 6 日修订)

第二十二条 有下列情形之一的，保险公司在机动车交通事故责任强制保险责任限额范围内垫付抢救费用，并有权向致害人追偿：

(1) 驾驶人未取得驾驶资格或者醉酒的；

(2) 被保险机动车被盗抢期间肇事的；

(3)被保险人故意制造道路交通事故的。

有前款所列情形之一，发生道路交通事故的，造成受害人的财产损失，保险公司不承担赔偿责任。

最高人民法院《关于审理道路交通事故损害赔偿案件适用法律若干问题的解释》(法释[2012]19号)第十八条　有下列情形之一导致第三人人身损害，当事人请求保险公司在交强险责任限额范围内予以赔偿，人民法院应予支持：

(1)驾驶人未取得驾驶资格或者未取得相应驾驶资格的；

(2)醉酒、服用国家管制的精神药品或者麻醉药品后驾驶机动车发生交通事故的；

(3)驾驶人故意制造交通事故的。

保险公司在赔偿范围内向侵权人主张追偿权的，人民法院应予支持。追偿权的诉讼时效期间自保险公司实际赔偿之日起计算。

48. 饮酒驾驶、醉酒驾驶机动车造成第三人人身损害的，保险公司是否仍应在交强险范围内承担赔偿责任？

【解答】

所谓饮酒驾驶，指驾驶员血液中的酒精含量大于或者等于20mg/100ml，小于80mg/100ml的驾驶行为。所谓醉酒驾驶，指驾驶员血液中的酒精含量大于或者等于80mg/100ml的驾驶行为。

醉酒驾驶机动车与无证驾驶机动车一样，造成第三人人身损害的，保险公司应在交强险范围内承担赔偿责任。保险公司在交强险范围内向第三人赔付后，可以在赔偿范围内向相关侵权人主张追偿。但饮酒驾驶和醉酒驾驶机动车的法律后果是有区别的，如果是饮酒后驾驶机动车的情形下造成第三人人身损害的，保险公司应在交强险范围内承担赔偿责任，交强险赔偿后，无权向相关侵权人追偿。同时需要说明的是，饮酒驾驶发生事故的，根据商业三者险保险条款的约定，保险公司会拒赔商业三者险。

【法律依据】

《道路交通安全法》第九十一条 饮酒后驾驶机动车的，处暂扣六个月机动车驾驶证，并处一千元以上二千元以下罚款。因饮酒后驾驶机动车被处罚，再次饮酒后驾驶机动车的，处十日以下拘留，并处一千元以上二千元以下罚款，吊销机动车驾驶证。醉驾驾驶机动车的，由公安机关交通管理部门约束至酒醒，吊销机动车驾驶证，依法追究刑事责任；五年内不得重新取得机动车驾驶证。

饮酒后驾驶营运机动车的，处十五日拘留，并处五千元罚款，吊销机动车驾驶证，五年内不得重新取得机动车驾驶证。

醉酒驾驶营运机动车的，由公安机关交通管理部门约束至酒醒，吊销机动车驾驶证，依法追究刑事责任；十年内不得重新取得机动车驾驶证，重新取得机动车驾驶证后，不得驾驶营运机动车。

饮酒后或者醉酒驾驶机动车发重大交通事故，构成犯罪的，依法追究刑事责任，并由公安机关交通管理部门吊销机动车驾驶证，终生不得重新取得机动车驾驶证。

《机动车交通事故责任强制保险条例》（2016年2月6日修订）

第二十二条 有下列情形之一的，保险公司在机动车交通事故责任强制保险责任限额范围内垫付抢救费用，并有权向致害人追偿：

(1)驾驶人未取得驾驶资格或者醉酒的；

(2)被保险机动车被盗抢期间肇事的；

(3)被保险人故意制造道路交通事故的。

有前款所列情形之一，发生道路交通事故的，造成受害人的财产损失，保险公司不承担赔偿责任。

最高人民法院《关于审理道路交通事故损害赔偿案件适用法律若干问题的解释》(法释[2012]19号)第十八条　有下列情形之一导致第三人人身损害，当事人请求保险公司在交强险责任限额范围内予以赔偿，人民法院应予支持：

(1)驾驶人未取得驾驶资格或者未取得相应驾驶资格的；

(2)醉酒、服用国家管制的精神药品或者麻醉药品后驾驶机动车发生交通事故的；

(3)驾驶人故意制造交通事故的。

保险公司在赔偿范围内向侵权人主张追偿权的，人民法院应予支持。追偿权的诉讼时效期间自保险公司实际赔偿之日起计算。

49. 死亡、伤残赔偿额超出交强险责任限额的，受害人能否要求精神抚慰金在交强险内优先赔付？

【解答】

由于在商业三者险合同中一般约定对精神抚慰金不予赔偿，在机动车同时投保交强险和商业三者险，交强险赔偿限额不足以赔偿受害方死亡或伤残损失时，就会涉及精神抚慰金的赔偿顺序问题，从有利于受害人获得更充分的赔偿原则出发，受害人有权要求精神抚慰金在交强险内优先赔付。

【法律依据】

最高人民法院《关于审理道路交通事故损害赔偿案件适用法律若干问题的解释》(法释[2012]19号)第十六条 同时投保机动车第三者责任强制保险(以下简称“交强险”)和第三者责任商业保险(以下简称“商业三者险”)的机动车发生交通事故造成损害，当事人同时起诉侵权人和保险公司的，人民法院应当按照下列规则确定赔偿责任：

(1)先由承保交强险的保险公司在责任限额范围内予以赔偿；

(2)不足部分，由承保商业三者险的保险公司根据保险合同予以赔偿；

(3)仍有不足的，依照道路交通安全法和侵权责任法的相关规定由侵权人予以赔偿。

被侵权人或者其近亲属请求承保交强险的保险公司优先赔偿精神损害的，人民法院应予支持。

50. 主车和挂车连接使用发生交通事故，主、挂车均投保交强险时如何赔偿?

【解答】

主车和挂车连接使用时事实上为一车，发生交通事故，交强险的赔偿限额为两个交强险责任限额之和，即由主车和挂车投保的两份交强险进行赔偿。

【法律依据】

最高人民法院《关于审理道路交通事故损害赔偿案件适用法律若干问题的解释》(法释[2012]19号)第十六条　同时投保机动车第三者责任强制保险(以下简称“交强险”)和第三者责任商业保险(以下简称“商业三者险”)的机动车发生交通事故造成损害,当事人同时起诉侵权人和保险公司的,人民法院应当按照下列规则确定赔偿责任:

(1)先由承保交强险的保险公司在责任限额范围内予以赔偿;

(2)不足部分,由承保商业三者险的保险公司根据保险合同予以赔偿;

(3)仍有不足的,依照道路交通安全法和侵权责任法的相关规定由侵权人予以赔偿。

被侵权人或者其近亲属请求承保交强险的保险公司优先赔偿精神损害的,人民法院应予支持。

第二十一条第二款　依法分别投保交强险的牵引车和挂车连接使用时发生交通事故造成第三人损害,当事人请求由各保险公司在各自的责任限额范围内平均赔偿的,人民法院应予支持。

51. 保险公司能否以保险条款约定的免责事由免除其商业险保险责任?

【解答】

保险公司能否以保险条款约定的免责事由免除其商业险保险责任,要看其是否已就免责条款对投保人进行提示和履行明确说明义务。除法律、行政法规明确禁止的情形不需要明确说明外,如保险人未就免责条款对投保人进行提示和履行明确说明义务，则该免责条款对投保人不发生法律效力，不能免除其商业险保险责任。

【法律依据】

《保险法》第十七条　订立保险合同，采用保险人提供的格式条款的，保险人向投保人提供的投保单应当附格式条款，保险人应当向投保人说明合同的内容。

对保险合同中免除保险人责任的条款，保险人在订立合同时应当在投保单、保险单或者其他保险凭证上作出足以引起投保人注意的提示，并对该条款的内容以书面或者口头形式向投保人作出明确说明；未作提示或者明确说明的，该条款不产生效力。

最高人民法院《关于适用〈中华人民共和国保险法〉若干问题的解释(二)》(法释[2013]14号)第十条　保险人将法律、行政法规中的禁止性规定情形作为保险合同免责条款的免责事由，保险人对该条款作出提示后，投保人、被保险人或者受益人以保险人未履行明确说明义务为由主张该条款不生效的，人民法院不予支持。

第十一条　保险合同订立时，保险人在投保单或者保险单等其他保险凭证上，对保险合同中免除保险人责任的条款，以足以引起投保人注意的文字、字体、符号或者其他明显标志作出提示的，人民法院应当认定其履行了《保险法》第十七条第二款规定的提示义务。

保险人对保险合同中有关免除保险人责任条款的概念、内容及其法律后果以书面或者口头形式向投保人作出常人能够理解的解释说明的，人民法院应当认定保险人履行了《保险法》第十七条第二款规定的明确说明义务。

第十三条　保险人对其履行了明确说明义务负举证责任。

投保人对保险人履行了符合本解释第十一条第二款要求的明确说明义务在相关文书上签字、盖章或者以其他形式予以确认的，应当认定保险人履行了该项义务。但另有证据证明保险人未履行明确说明义务的除外。

52. 投保人允许的合法驾驶员驾驶机动车造成投保人伤亡的，保险公司是否应在交强险范围内承担赔偿责任？

【解答】

虽然《机动车交通事故责任强制保险条例》规定了交强险只对被保险机动车造成本车人员、被保险人以外的受害人予以赔偿，并规定被保险人为投保人及其允许的合法驾驶人。但该条例规定的被保险人是一个笼统概括的范围，具体到某一特定的交通事故中，被保险人只能是一人，要么是投保人本人，要么是投保人允许的合法驾驶人，因此，对于投保人允许的合法驾驶员驾驶机动车造成投保人伤亡的，要区分情形来确定保险公司是否应在交强险内赔偿，在排除存在故意骗保的情形外，如果事故发生时，投保人属于第三者，则保险公司应在交强险内赔偿；如果事故发生时，投保人属于车上人员，则保险公司不承担交强险赔偿责任。

【法律依据】

《机动车交通事故责任强制保险条例》(2016年2月6日修订)

第三条 本条例所称机动车交通事故责任强制保险，是指由保险公司对被保险机动车发生道路交通事故造成本车人员、被保险人以外的受害人的人身伤亡、财产损失，在责任限额内予以赔偿的强制性责任保险。

第二十一条 被保险机动车发生道路交通事故造成本车人员、被保险人以外的受害人人身伤亡、财产损失的，由保险公司依法在机动车交通事故责任强制保险责任限额范围内予以赔偿。

道路交通事故的损失是由受害人故意造成的，保险公司不予赔偿。

第四十一条 本条例下列用语的含义：

(1)投保人，是指与保险公司订立机动车交通事故责任强制保险合同，并按照合同负有支付保险费义务的机动车的所有人、管理人。

(2)被保险人，是指投保人及其允许的合法驾驶人。

最高人民法院《关于审理道路交通事故损害赔偿案件适用法律若干问题的解释》(法释[2012]19号)第十七条 投保人允许的驾驶人驾驶机动车致使投保人遭受损害，当事人请求承保交强险的保险公司在责任限额范围内予以赔偿的，人民法院应予支持，但投保人为本车上人员的除外。

53. 交通事故发生在投保人缴费后和保险合同约定的保险期间之前时，保险公司应否承担赔偿责任？

【解答】

交通事故发生在投保人缴费后和保险合同约定的保险期间之

前时，保险公司是否承担赔偿责任问题，司法实践中观点不一，原则上应区分交强险和商业三者险来确定是否承担赔偿责任。对于交强险，其立法目的在于机动车交通事故的受害人能够得到及时有效保障，故对机动车辆实行强制保险制度，这就要求保险人对机动车辆的强制保险不得拒绝和拖延。保险人在接受投保人投保交强险时，有义务了解机动车辆交强险的投保情况，并就交强险是即时生效或者约定具体的时间生效负有向投保人提示和明确说明的义务，如其履行了提示和说明义务，则不承担交强险赔偿责任；如其未履行提示和说明义务，则应在交强险责任限额范围内承担赔偿责任。对于商业险，则尊重当事人的意思表示，依照双方合同约定的生效时间起算，故保险人在此种情况下，不承担商业三者险赔偿责任。

【法律依据】

《保险法》第十四条　保险合同成立后，投保人按照约定交付保险费，保险人按照约定的时间开始承担保险责任。

《保险法》第十七条　订立保险合同，采用保险人提供的格式条款的，保险人向投保人提供的投保单应当附格式条款，保险人应当向投保人说明合同的内容。

对保险合同中免除保险人责任的条款，保险人在订立合同时应当在投保单、保险单或者其他保险凭证上作出足以引起投保人注意的提示，并对该条款的内容以书面或者口头形式向投保人作出明确说明；未作提示或者明确说明的，该条款不产生效力。

中国保险监督管理委员会《关于加强机动车交强险承保工作管理的通知》(保监厅函[2009]91号)

各中资财产保险公司：

交强险自实施以来，对促进道路交通安全、保障机动车道路交通事故受害人的合法权利发挥了重大作用。但由于交强险保单中对保险期间有关投保后次日零时生效的规定，使部分投保人在投保后、保单未正式生效前的时段内得不到交强险的保障。为使机动车道路交通事故的受害人得到有效保障，更好地发挥交强险促进道路交通安全的作用，现对加强有关交强险承保工作通知如下：

各公司可在交强险承保工作中采取以下适当方式，以维护被保险人利益：一是在保单中“特别约定”栏中，就保险期间作特别说明，写明或加盖“即时生效”等字样，使保单自出单时立即生效。二是公司系统能够支持打印体覆盖印刷体的，出单时在保单中打印“保险期间自×年×月×日×时……”覆盖原“保险期间自×年×月×日零时起……”字样，明确写明保险期间起止的具体时点。

各公司应严格遵照《机动车交通事故责任强制保险条例》中有关规定，不得拒绝或者拖延承保，加强交强险承保工作管理，采取适当方式明确保险期间起止时点，以维护被保险人利益。

54. 未投保不计免赔特约险，保险公司依据事故责任免赔率条款主张免赔是否能得到支持？

【解答】

事故责任免赔率具有正确价值导向作用，在达到保险分散风险目的的同时，鼓励驾驶人遵守交通规则，符合权利义务对等原则，该事故责任免赔率是附加险，是保险合同约定的组成部分，并没有免除或者减轻保险人的责任，不属于免责条款，对合同双方均产生约束力，故未投保不计免赔特约险，保险公司依据事故责任免赔率条款主张免赔能够得到支持。

【法律依据】

《保险法》第十七条　订立保险合同，采用保险人提供的格式条款的，保险人向投保人提供的投保单应当附格式条款，保险人应当向投保人说明合同的内容。

对保险合同中免除保险人责任的条款，保险人在订立合同时应当在投保单、保险单或者其他保险凭证上作出足以引起投保人注意的提示，并对该条款的内容以书面或者口头形式向投保人作出明确说明；未作提示或者明确说明的，该条款不产生效力。

最高人民法院《关于适用〈中华人民共和国保险法〉若干问题的解释(二)》(法释[2013]14号)第九条　保险人提供的格式合同文本中的责任免除条款、免赔额、免赔率、比例赔付或者给付等免除或者减轻保险人责任的条款，可以认定为《保险法》第十七条第二款规定的"免除保险人责任的条款"。

保险人因投保人、被保险人违反法定或者约定义务，享有解除合同权利的条款，不属于《保险法》第十七条第二款规定的"免除保险人责任的条款"。

55. 保险人在保险条款中约定交通事故造成被保险人家庭成员伤亡的，保险人不负赔偿责任，该约定是否产生法律效力？

【解答】

保险公司基于防范道德风险的目的，通常会在保险合同中约定造成被保险人家庭成员伤亡的，保险人不负赔偿责任，对于该约定是否产生法律效力，要看其是否已就该免责条款对投保人进行提示和履行明确说明义务，如保险人未就免责条款对投保人进行提示和履行明确说明义务，则该免责条款不发生法律效力；如保险人已就该免责条款对投保人进行提示和履行明确说明义务，则该免责条款产生法律效力。

【法律依据】

《保险法》第十七条 订立保险合同，采用保险人提供的格式条款的，保险人向投保人提供的投保单应当附格式条款，保险人应当向投保人说明合同的内容。

对保险合同中免除保险人责任的条款，保险人在订立合同时应当在投保单、保险单或者其他保险凭证上作出足以引起投保人注意的提示，并对该条款的内容以书面或者口头形式向投保人作出明确说明；未作提示或者明确说明的，该条款不产生效力。

最高人民法院《关于适用〈中华人民共和国保险法〉若干问题的解释（二）》（法释［2013］14号）第十一条 保险合同订立时，保险人在投保单或者保险单等其他保险凭证上，对保险合同中免除保险人责任的条款，以足以引起投保人注意的文字、字体、符号或者其他明显标志作出提示的，人民法院应当认定其履行了《保险法》第十七条第二款规定的提示义务。

保险人对保险合同中有关免除保险人责任条款的概念、内容及其法律后果以书面或者口头形式向投保人作出常人能够理解的解释说明的，人民法院应当认定保险人履行了《保险法》第十七条第二款规定的明确说明义务。

第十三条 保险人对其履行了明确说明义务负举证责任。

投保人对保险人履行了符合本解释第十一条第二款要求的明确说明义务在相关文书上签字、盖章或者以其他形式予以确认的，应当认定保险人履行了该项义务。但另有证据证明保险人未履行明确说明义务的除外。

56. 受害人在交通事故中没有过错，其体质状况对构成残疾有一定影响，是否可以参照“损伤参与度”在交强险赔偿中予以扣减？

【解答】

虽然受害人的个人体质状况对构成残疾的损害后果具有一定的影响，但这种影响不是《侵权责任法》等法律规定的过错，受害人不因个人体质状况对交通事故导致的伤残存在一定影响而自行承担相应的责任，我国交强险立法也并未规定在确定交强险责任时应依据受害人体质状况对损害后果的影响作相应扣减，故在受害人没有过错的情况下，在计算赔偿时不应参照“损伤参与度”在交强险赔偿中予以扣减。

【法律依据】

《道路交通安全法》第七十六条　机动车发生交通事故造成人身伤亡、财产损失的，由保险公司在机动车第三者责任强制保险责任限额范围内予以赔偿。超过责任限额的部分，按照下列方式承担赔偿责任：

(1)机动车之间发生交通事故的，由有过错的一方承担责任；双方都有过错的；按照各自过错的比例分担责任。

(2)机动车与非机动车驾驶人、行人之间发生交通事故的，由机动车一方承担责任；但是，有证据证明非机动车驾驶人、行人违反道路交通安全法律、法规，机动车驾驶人已经采取必要处置措施的，减轻机动车一方的责任。

交通事故的损失是由非机动车驾驶人、行人故意造成的，机动车一方不承担责任。

《侵权责任法》第六条　行为人因过错侵害他人民事权益，应当承担侵权责任。

根据法律规定推定行为人有过错，行为人不能证明自己没有过错的，应当承担侵权责任。

《侵权责任法》第二十六条　被侵权人对损害的发生也有过错的，可以减轻侵权人的责任。

《侵权责任法》第二十八条　损害是因第三人造成的，第三人应当承担侵权责任。

57. 保险公司营销人员将内容和形式与真保单一致的假保单交付投保人，且投保人为善意的，发生事故时，保险公司是否依据该保单约定的内容承担保险赔偿责任？

【解答】

保险公司营销人员将内容和形式与真保单一致的假保单交付投保人，作为不知情的善意投保人有理由相信其购买的保险是真实的，营销人员的行为应当视为保险公司的行为，因此，虽然保单是假的，但不能因此免除保险公司根据保险合同应当承担的赔偿责任，发生交通事故后，保险公司应依据该保单约定的内容承担保险赔偿责任。

【法律依据】

《合同法》第四十九条　行为人没有代理权、超越代理权或者代理权终止后以被代理人名义订立合同，相对人有理由相信行为人有代理权的，该代理行为有效。

58. 保险公司在明知保险单中车牌号未填写，仅登记发动机号、车架号的情况下同意投保，发生交通事故后能否以被保险车辆无行驶证为由拒绝承担保险赔偿责任？

【解答】

根据《道路交通安全法》的规定，国家对机动车实行登记制度。机动车经交管部门登记后，方可上路行驶。尚未登记的机动车，需要临时上道路行驶的，应当取得临时通行牌证。因此，机动车取得合法有效的号牌号码及行驶证是投保的前提，保险公司在对车辆承保时应对此予以审核。保险公司在明知保险单中车牌号未填写这一明显问题时，应知晓该机动车存在未上牌及无行驶证的情形，但未进一步审查，应视为对保险合同订立过程中审查义务和说明义务的怠于行使和完全放弃，仍然同意承保的，在该机动车发生交通事故要求理赔时不得再以该机动车无行驶证为由拒绝承担保险赔偿责任，否则有违诚信原则。

【法律依据】

《道路交通安全法》第八条　国家对机动车实行登记制度。

机动车经公安机关交通管理部门登记后，方可上道路行驶。尚未登记的机动车，需要临时上道路行驶的，应当取得临时通行牌证。

59. 被保险人未对第三人进行赔付而书面声明放弃对保险人的索赔，第三人是否因此丧失向保险人主张赔偿的权利？

【解答】

被保险人书面声明放弃对保险人的索赔只在被保险人和保险人之间产生约束力，不能对抗第三人依法要求保险公司赔偿的权利，第三人依法享有要求保险公司在保险责任范围内赔偿。因此，在被保险人未对第三人进行赔付而预先放弃对保险人的索赔，不影响第三人要求保险公司赔偿的权利，第三人可依法向保险人主张赔偿。

【法律依据】

《保险法》第六十五条　保险人对责任保险的被保险人给第三者造成的损害，可以依照法律的规定或者合同的约定，直接向该第三者赔偿保险金。

责任保险的被保险人给第三者造成损害，被保险人对第三者应负的赔偿责任确定的，根据被保险人的请求，保险人应当直接向该第三者赔偿保险金。被保险人怠于请求的，第三者有权就其应获赔偿部分直接向保险人请求赔偿保险金。

责任保险的被保险人给第三者造成损害，被保险人未向该第三者赔偿的，保险人不得向被保险人赔偿保险金。

责任保险是指以被保险人对第三者依法应负的赔偿责任为保险标的的保险。

最高人民法院《关于审理道路交通事故损害赔偿案件适用法律若干问题的解释》(法释[2012]19号)第十六条　同时投保机动车第三者责任强制保险(以下简称“交强险”)和第三者责任商业保险(以下简称“商业三者险”)的机动车发生交通事故造成损害，当事人同时起诉侵权人和保险公司的，人民法院应当按照下列规则确定赔偿责任：

(1)先由承保交强险的保险公司在责任限额范围内予以赔偿；

(2)不足部分，由承保商业三者险的保险公司根据保险合同予以赔偿；

(3)仍有不足的，依照道路交通安全法和侵权责任法的相关规定由侵权人予以赔偿。被侵权人或者其近亲属请求承保交强险的保险公司优先赔偿精神损害的，人民法院应予支持。

60. 商业保险合同约定的争议解决方式为仲裁的仲裁管辖条款，对交通事故受害人是否具有约束力?

【解答】

商业保险合同约定的仲裁管辖条款，只对合同双方产生约束力，对交通事故受害人不具有约束力，为避免诉累，人民法院将侵权人与受害人之间的侵权法律关系及保险人与被保险人之间的保险合同关系合并审理，以提高诉讼效率。

【法律依据】

最高人民法院《关于审理道路交通事故损害赔偿案件适用法律若干问题的解释》(法释[2012]19号)第二十五条　人民法院审理道路交通事故损害赔偿案件，应当将承保交强险的保险公司列为共同被告。但该保险公司已经在交强险责任限额范围内予以赔偿且当事人无异议的除外。

人民法院审理道路交通事故损害赔偿案件，当事人请求将承保商业三者险的保险公司列为共同被告的，人民法院应予准许。

61. 交通事故的受害人能否将请求赔偿的权利转让他人或设定担保?

【解答】

交通事故的赔偿权利具有人身依附性，赔偿权利人也是法定的，该赔偿请求权不得让予或为他人设定担保。

【法律依据】

最高人民法院《关于审理人身损害赔偿案件适用法律若干问题的解释》(法释［2003］20号)第一条　因生命、健康、身体遭受侵害，赔偿权利人起诉请求赔偿义务人赔偿财产损失和精神损害的，人民法院应予受理。

本条所称“赔偿权利人”，是指因侵权行为或者其他致害原因直接遭受人身损害的受害人、依法由受害人承担扶养义务的被扶养人以及死亡受害人的近亲属。

本条所称“赔偿义务人”，是指因自己或者他人的侵权行为以及其他致害原因依法应当承担民事责任的自然人、法人或者其他组织。

最高人民法院《关于审理道路交通事故损害赔偿案件适用法律若干问题的解释》(法释[2012]19号)第二十四条　当事人主张交强险人身伤亡保险金请求权转让或者设定担保的行为无效的，人民法院应予支持。

62. 受害人能否以重大误解或显失公平为由申请撤销在交警部门主持下已经履行完毕的调解协议？

【解答】

对于在交警部门主持下达成的调解协议，在性质上仍属于民事合同，交警部门仅是居间调解，不影响交通事故调解协议具有的民事合同法律效力，如受害人在签订协议时存在重大误解或显失公平的，可以依法申请撤销。

【法律依据】

《合同法》第五十四条　下列合同，当事人一方有权请求人民法院或者仲裁机构变更或者撤销：

(1)因重大误解订立的；

(2)在订立合同时显失公平的。

一方以欺诈、胁迫的手段或者乘人之危，使对方在违背真实意思的情况下订立的合同，受损害方有权请求人民法院或者仲裁机构变更或者撤销。

当事人请求变更的，人民法院或者仲裁机构不得撤销。

63. 车辆运行过程中所载货物掉落致他人损害是否属于交通事故？

【解答】

根据《道路交通安全法》的规定，“交通事故”，是指车辆在道路上因过错或者意外造成的人身伤亡或者财产损失的事件。从该定义反映出来的交通事故的构成要件来分析，构成交通事故的要件第一是车辆在道路上发生的事故，第二是因过错或者意外造成的人身伤亡或者财产损失。在道路上直接发生车辆碰撞是交通事故通常的形态，车辆所载货物掉落致人损害也符合上述交通事故的构成要件，因此，车辆运行过程中所载货物掉落致他人损害属于交通事故。

【法律依据】

《道路交通安全法》第一百一十九条　本法中下列用语的含义：

（1）“道路”，是指公路、城市道路和虽在单位管辖范围但允许社会机动车通行的地方，包括广场、公共停车场等用于公众通行的场所。

（2）“车辆”，是指机动车和非机动车。

（3）“机动车”，是指以动力装置驱动或者牵引，上道路行驶的供人员乘用或者用于运送物品以及进行工程专项作业的轮式车辆。

（4）“非机动车”，是指以人力或者畜力驱动，上道路行驶的交通工具，以及虽有动力装置驱动但设计最高时速、空车质量、外形尺寸符合有关国家标准的残疾人机动轮椅车、电动自行车等交通工具。

(5)“交通事故”，是指车辆在道路上因过错或者意外造成的人身伤亡或者财产损失的事件。

64. 未携带机动车驾驶证是否属于无证驾驶，如何处罚？

【解答】

未携带机动车驾驶证不属于无证驾驶，根据《道路交通安全法》的规定，未携带机动车驾驶证，交警部门应当扣留机动车，通知当事人提供驾驶证，并可以处以警告或20元以上200元以下罚款，对驾驶员记1分。但在当事人提供驾驶证后，应当及时退还机动车。

【法律依据】

《道路交通安全法》第九十条　机动车驾驶人违反道路交通安全法律、法规关于道路通行规定的，处警告或者20元以上200元以下罚款。本法另有规定的，依照规定处罚。

《道路交通安全法》第九十五条　上道路行驶的机动车未悬挂机动车号牌，未放置检验合格标志、保险标志，或者未随车携带行驶证、驾驶证的，公安机关交通管理部门应当扣留机动车，通知当事人提供相应的牌证、标志或者补办相应手续，并可以依照本法第九十条的规定予以处罚。当事人提供相应的牌证、标志或者补办相应手续的，应当及时退还机动车。

《91号令〈机动车驾驶证申领和使用规定〉附件3道路交通安全违法行为记分分值》第五项　机动车驾驶人有下列违法行为之一，一次记1分：(1)驾驶机动车不按规定使用灯光的；(2)驾驶机动车不按规定会车的；(3)驾驶机动车载货长度、宽度、高度超过规定的；(4)上道路行驶的机动车未放置检验合格标志、保险标志，未随车携带行驶证、机动车驾驶证的。

65. 交通事故发生后，交警部门应当在多长时间内出具交通事故认定书？

【解答】

对未造成人身伤亡，事实清楚的，交通警察可以适用简易程序处理，并当场出具事故认定书。对道路交通事故造成人员伤亡和财产损失需要勘验、检查现场的，应当在勘查现场之日起10日内制作交通事故认定书。对交通肇事逃逸案件在查获交通肇事车辆和驾驶人后10日内制作道路交通事故认定书，逃逸交通事故尚未侦破，受害一方当事人要求出具道路交通事故认定书的，公安机关交通管理部门应当在接到当事人书面申请后10日内制作道路交通事故认定书。需要进行检验、鉴定的，公安机关交通管理部门应当自事故现场调查结束之日起3日内委托具备资格的鉴定机构进行检验、鉴定。尸体检验应当在死亡之日起3日内委托。公安机关交通管理部门应当与检验、鉴定机构约定检验、鉴定完成的期限，约定的期限不得超过20日。超过20日的，应当报经上一级公安机关交通管理部门批准，但最长不得超过60日。对于需要进行检验、鉴定的，应当在检验、鉴定结果确定之日起5日内制作交通事故认定书。

【法律依据】

《道路交通安全法实施条例》第八十九条　公安机关交通管理部门或者交通警察接到交通事故报警，应当及时赶赴现场，对未造成人身伤亡，事实清楚，并且机动车可以移动的，应当在记录事故情况后责令当事人撤离现场，恢复交通。对拒不撤离现场的，予以强制撤离。

对属于前款规定情况的道路交通事故，交通警察可以适用简易程序处理，并当场出具事故认定书。当事人共同请求调解的，交通警察可以当场对损害赔偿争议进行调解。

对道路交通事故造成人员伤亡和财产损失需要勘验、检查现场的，公安机关交通管理部门应当按照勘查现场工作规范进行。现场勘查完毕，应当组织清理现场，恢复交通。

《道路交通安全法实施条例》第九十三条　公安机关交通管理部门对经过勘验、检查现场的交通事故应当在勘查现场之日起10日内制作交通事故认定书。对需要进行检验、鉴定的，应当在检验、鉴定结果确定之日起5日内制作交通事故认定书。

《交通事故处理程序规定》第三十七条　需要进行检验、鉴定的，公安机关交通管理部门应当自事故现场调查结束之日起三日内委托具备资格的鉴定机构进行检验、鉴定。尸体检验应当在死亡之日起三日内委托。

对现场调查结束之日起三日后需要检验、鉴定的，应当报经上一级公安机关交通管理部门批准。

对精神病的鉴定，应当由省级人民政府指定的医院进行。

《交通事故处理程序规定》第三十八条　公安机关交通管理

部门应当与检验、鉴定机构约定检验、鉴定完成的期限，约定的期限不得超过二十日。超过二十日的，应当报经上一级公安机关交通管理部门批准，但最长不得超过六十日。

《交通事故处理程序规定》第四十七条 公安机关交通管理部门应当自现场调查之日起十日内制作道路交通事故认定书。交通肇事逃逸案件在查获交通肇事车辆和驾驶人后十日内制作道路交通事故认定书。对需要进行检验、鉴定的，应当在检验、鉴定结论确定之日起五日内制作道路交通事故认定书。

发生死亡事故，公安机关交通管理部门应当在制作道路交通事故认定书前，召集各方当事人到场，公开调查取得证据。证人要求保密或者涉及国家秘密、商业秘密以及个人隐私的证据不得公开。当事人不到场的，公安机关交通管理部门应当予以记录。

《交通事故处理程序规定》第四十九条 逃逸交通事故尚未侦破，受害一方当事人要求出具道路交通事故认定书的，公安机关交通管理部门应当在接到当事人书面申请后十日内制作道路交通事故认定书，并送达受害一方当事人。道路交通事故认定书应当载明事故发生的时间、地点、受害人情况及调查得到的事实，有证据证明受害人有过错的，确定受害人的责任；无证据证明受害人有过错的，确定受害人无责任。

66. 交通事故造成死亡的，对于死者尸体如何处理？

【解答】

对于交通事故造成死亡的，应依法对死者尸体进行检验，如需要解剖尸体的，应当征得其家属的同意。需要解剖未知名尸体，应当报经县级以上公安机关或者上一级公安机关交通管理部门负责人批准。检验尸体结束后，应当书面通知死者家属在10日内办理丧葬事宜。无正当理由逾期不办理的应记录在案，并经县级以上公安机关负责人批准，由公安机关处理尸体，逾期存放的费用由死者家属承担。

对未知名尸体，由法医提取人身识别检材，并对尸体拍照、采集相关信息后，由公安机关交通管理部门填写未知名尸体信息登记表，并在设区市级以上报纸刊登认尸启事。登报后30日仍无人认领的，由县级以上公安机关负责人或者上一级公安机关交通管理部门负责人批准处理尸体。

【法律依据】

《交通事故处理程序规定》**第四十条**　检验尸体不得在公众场合进行。检验中需要解剖尸体的，应当征得其家属的同意。

解剖未知名尸体，应当报经县级以上公安机关或者上一级公安机关交通管理部门负责人批准。

《交通事故处理程序规定》**第四十一条**　检验尸体结束后，应当书面通知死者家属在十日内办理丧葬事宜。无正当理由逾期不办理的应记录在案，并经县级以上公安机关负责人批准，由公安机关处理尸体，逾期存放的费用由死者家属承担。

对未知名尸体，由法医提取人身识别检材，并对尸体拍照、采集相关信息后，由公安机关交通管理部门填写未知名尸体信息登记表，并在设区市级以上报纸刊登认尸启事。登报后三十日仍无人认领的，由县级以上公安机关负责人或者上一级公安机关交通管理部门负责人批准处理尸体。

67. 交通事故当事人对事故相关的检验、鉴定结论不服如何处理？

【解答】

当事人对检验、鉴定结论有异议的，可以在公安机关交通管理部门送达之日起 3 日内申请重新检验、鉴定，经县级公安机关交通管理部门负责人批准后，进行重新检验、鉴定。重新检验、鉴定应当另行委托检验、鉴定机构或者由原检验、鉴定机构另行指派鉴定人。公安机关交通管理部门应当在收到重新检验、鉴定报告之日起二日内，将重新检验、鉴定报告复印件送达当事人。重新检验、鉴定以一次为限。

【法律依据】

《交通事故处理程序规定》第四十三条　公安机关交通管理部门应当在收到检验、鉴定报告之日起二日内，将检验、鉴定报告复印件送达当事人。

当事人对检验、鉴定结论有异议的，可以在公安机关交通管理部门送达之日起三日内申请重新检验、鉴定，经县级公安机关交通管理部门负责人批准后，进行重新检验、鉴定。重新检验、鉴定应当另行委托检验、鉴定机构或者由原检验、鉴定机构另行指派鉴定人。公安机关交通管理部门应当在收到重新检验、鉴定报告之日起二日内，将重新检验、鉴定报告复印件送达当事人。重新检验、鉴定以一次为限。

68. 交警部门为处理交通事故扣留的事故车辆何时退还当事人？能否扣留车上所载货物？

【解答】

交警部门为处理交通事故收集证据扣留的事故车辆，在检验、鉴定结论确定之日起五日内通知当事人领取，对驾驶人逃逸的无主车辆或者经通知当事人三十日后仍不领取的车辆，经公告三个月仍不来接受处理的，对扣留的车辆依法处理，但不能扣留事故车辆所载货物。

【法律依据】

《交通事故处理程序规定》第二十八条　因收集证据的需要，公安机关交通管理部门可以扣留事故车辆及机动车行驶证，并开具行政强制措施凭证。扣留的车辆及机动车行驶证应当妥善保管。

公安机关交通管理部门不得扣留事故车辆所载货物。对所载货物在核实重量、体积及货物损失后，通知机动车驾驶人或者货物所有人自行处理。无法通知当事人或者当事人不自行处理的，按照《公安机关办理行政案件程序规定》的有关规定办理。

《交通事故处理程序规定》第四十四条　检验、鉴定结论确定之日起五日内，公安机关交通管理部门应当通知当事人领取扣留的事故车辆、机动车行驶证以及扣押的物品。

对驾驶人逃逸的无主车辆或者经通知当事人三十日后仍不领

取的车辆，经公告三个月仍不来接受处理的，对扣留的车辆依法处理。

《公安机关办理行政案件程序规定》第一百六十三条　对应当退还原主的财物，通知原主在六个月内来领取；原主不明确的，应当采取公告方式告知原主认领。在通知原主或者公告后六个月内，无人认领的，按无主财物处理，登记后上缴国库，或者依法变卖或者拍卖后，将所得款项上缴国库。遇有特殊情况的，可酌情延期处理，延长期限最长不超过三个月。

69. 对交警部门出具的交通事故认定书不服，能否申请复核？

【解答】

当事人对道路交通事故认定有异议的，可以自道路交通事故认定书送达之日起三日内，向上一级公安机关交通管理部门提出书面复核申请，并载明复核请求及其理由和主要证据。

【法律依据】

《交通事故处理程序规定》第五十一条　当事人对道路交通事故认定有异议的，可以自道路交通事故认定书送达之日起三日内，向上一级公安机关交通管理部门提出书面复核申请。

复核申请应当载明复核请求及其理由和主要证据。

70. 对于交通事故认定书作出后，一方当事人对事故认定书不服向上一级公安机关交通管理部门申请复核，另一方当事人在复核决定作出前依据该事故认定书向人民法院起诉的，对复核程序是否有影响？

【解答】

一方当事人对事故认定书不服向上一级公安机关交通管理部门申请复核，另一方当事人在复核决定作出前依据该事故认定书向人民法院起诉的，上一级公安机关交通管理部门应当不予受理复核申请，已经受理的，终结复核程序，书面通知当事人。

【法律依据】

《交通事故处理程序规定》第五十二条　上一级公安机关交通管理部门收到当事人书面复核申请后五日内，应当作出是否受理决定。

有下列情形之一的，复核申请不予受理，并书面通知当事人。

(1)任何一方当事人向人民法院提起诉讼并经法院受理的；

(2)人民检察院对交通肇事犯罪嫌疑人批准逮捕的；

(3)适用简易程序处理的道路交通事故；

(4)车辆在道路以外通行时发生的事故。

公安机关交通管理部门受理复核申请的，应当书面通知各方当事人。

第五十三条 上一级公安机关交通管理部门自受理复核申请之日起三十日内，对下列内容进行审查，并作出复核结论：

(1)道路交通事故事实是否清楚，证据是否确实充分，适用法律是否正确；

(2)道路交通事故责任划分是否公正；

(3)道路交通事故调查及认定程序是否合法。

复核原则上采取书面审查的办法，但是当事人提出要求或者公安机关交通管理部门认为有必要时，可以召集各方当事人到场，听取各方当事人的意见。

复核审查期间，任何一方当事人就该事故向人民法院提起诉讼并经法院受理的，公安机关交通管理部门应当终止复核。

三、劳动合同篇

1. 工作了整一个月，离职的时候问了好几遍人事说不会扣工资，但是后来发工资的时候扣了一个星期的，工资剩下的也就300来块钱，如果申请劳动仲裁的话可以要回来吗？

【解答】

每个地方都有一个最低工资标准，实发工资不得低于最低工资标准。

对拖欠工资、扣发工资一类侵害劳动者权益的违法用工行为，劳动监察部门有权利、义务督促改正。因此，建议直接去用人单位所在地区一级劳动局，找劳动监察大队举报单位的拖欠、扣发工资行为，请求他们介入。劳动监察大队有调查和行政处罚权，很多单位都会比较配合。具体效果，要看当地劳动监察大队的行政工作力度。

当然，也可以直接到劳动仲裁申请仲裁，输赢问题要看劳动者手上把握的能证明劳动关系和实发工资情况的证据材料，如果有，赢面比较大。

【法律依据】

《劳动合同法》第八十五条　用人单位有下列情形之一的，由劳动行政部门责令限期支付劳动报酬、加班费或者经济补偿；劳动报酬低于当地最低工资标准的，应当支付其差额部分；逾期不支付的，责令用人单位按应付金额百分之五十以上百分之一百以下的标准向劳动者加付赔偿金：

(1)未按照劳动合同的约定或者国家规定及时足额支付劳动者劳动报酬的；

(2)低于当地最低工资标准支付劳动者工资的；

(3)安排加班不支付加班费的；

(4)解除或者终止劳动合同，未依照本法规定向劳动者支付经济补偿的。

2. 公休扣工资，原本1800的工资到手只有1000。这种情况怎么办呢？

【解答】

一般月工资都是已经扣除了周末双休的，因此不得再扣公休。

【法律依据】

《关于职工全年月平均工作时间和工资折算问题的通知》

一、制度工作时间的计算：

年工作日：365天−104天(休息日)−11天(法定节假日)=250天

季工作日：250 天÷4 季＝62.5 天/季

月工作日：250 天÷12 月＝20.83 天/月

工作小时数的计算：以月、季、年的工作日乘以每日的 8 小时。

3. 企业拖欠工资有什么处罚？

【解答】

企业拖欠工资，经劳动行政部门责令改正，拒不履行的，责令用人单位按应付金额百分之五十以上百分之一百以下的标准向劳动者加付赔偿金。

【法律依据】

《劳动合同法》第八十五条　用人单位有下列情形之一的，由劳动行政部门责令限期支付劳动报酬、加班费或者经济补偿；劳动报酬低于当地最低工资标准的，应当支付其差额部分；逾期不支付的，责令用人单位按应付金额百分之五十以上百分之一百以下的标准向劳动者加付赔偿金：

(1) 未按照劳动合同约定或者国家规定及时足额支付劳动者劳动报酬的；

(2) 低于当地最低工资标准支付劳动者工资的；

(3) 安排加班不支付加班费的；

(4) 解除或者终止劳动合同，未依照本法规定向劳动者支付经济补偿的。

4. 单位经常安排加班却不发加班工资，对么？

【解答】

不对。一般所说的加班有延长工作时间和休息日安排工作。延长工作时间应该支付不低于150%工资标准的加班工资，休息日安排工作应该调休，否则应该加倍支付工资。

【法律依据】

《劳动合同法》第三十一条　用人单位应当严格执行劳动定额标准，不得强迫或者变相强迫劳动者加班。用人单位安排加班的，应当按照国家有关规定向劳动者支付加班费。

《劳动法》第四十四条　有下列情形之一的，用人单位应当按照下列标准支付高于劳动者正常工作时间工资的工资报酬：(一)安排劳动者延长工作时间的，支付不低于工资的百分之一百五十的工资报酬；(二)休息日安排劳动者工作又不能安排补休的，支付不低于工资的百分之二百的工资报酬；(三)法定休假日安排劳动者工作的，支付不低于工资的百分之三百的工资报酬。

5. 单位不安排带薪年休假，对么？

【解答】

不对。如果单位没有安排带薪年休假的记录，员工可以向劳动监察部门举报。

【法律依据】

《劳动法》第四十五条 国家实行带薪年休假制度。

劳动者连续工作一年以上的，享受带薪年休假。具体办法由国务院规定。

6. 带薪年休假怎么休？

【解答】

按《职工带薪年休假条例》休。注：累计工龄是指参加工作后的累计而不仅仅是在现在单位的累计。

【法律依据】

《职工带薪年休假条例》第二条 机关、团体、企业、事业单位、民办非企业单位、有雇工的个体工商户等单位的职工连续工作一年以上的，享受带薪年休假(以下简称年休假)。单位应当保证职工享受年休假。职工在年休假期间享受与正常工作期间相同的工资收入。

第三条 职工累计工作已满一年不满十年的，年休假五天；已满十年不满二十年的，年休假十天；已满二十年的，年休假十五天。

国家法定休假日、休息日不计入年休假的假期。

第四条 职工有下列情形之一的，不享受当年的年休假：

(1)职工依法享受寒暑假，其休假天数多于年休假天数的；

(2)职工请事假累计二十天以上且单位按照规定不扣工资的；

(3)累计工作满一年不满十年的职工，请病假累计二个月以上的；

(4)累计工作满十年不满二十年的职工，请病假累计三个月以上的；

(5)累计工作满二十年以上的职工，请病假累计四个月以上的。

7. 单位经常拿自己生产的产品抵工资，这样做对么?

【解答】

不对，应该以现金形式发放工资。

【法律依据】

《劳动法》第五十条　工资应当以货币形式按月支付给劳动者本人。不得克扣或者无故拖欠劳动者的工资。

8. 单位和我签劳动合同时没有写工资报酬标准，然后工作后每个月差距很大，说是按业绩来的，这样做对么?

【解答】

不对，单位应该与员工约定工作报酬，并写进劳动合同。

【法律依据】

《劳动合同法》第十七条　劳动合同应当具备以下条款：

(一)用人单位的名称、住所和法定代表人或者主要负责人；(二)劳动者的姓名、住址和居民身份证或者其他有效身份证件号码；(三)劳动合同期限；(四)工作内容和工作地点；(五)工作时间和休息休假；(六)劳动报酬；(七)社会保险；(八)劳动保护、劳动条件和职业危害防护；(九)法律、法规规定应当纳入劳动合同的其他事项。　劳动合同除前款规定的必备条款外，用人单位与劳动者可以约定试用期、培训、保守秘密、补充保险和福利待遇等其他事项。

《劳动合同法》第十八条　劳动合同对劳动报酬和劳动条件等标准约定不明确，引发争议的，用人单位与劳动者可以重新协商；协商不成的，适用集体合同规定；没有集体合同或者集体合同未规定劳动报酬的，实行同工同酬；没有集体合同或者集体合同未规定劳动条件等标准的，适用国家有关规定。

9. 单位规定试用期只发几百元生活费，对么?

【解答】

劳动者在试用期的工资不得低于本单位相同岗位最低档工资或者劳动合同约定工资的百分之八十，并不得低于用人单位所在地的最低工资标准。

【法律依据】

《劳动合同法》第二十条　劳动者在试用期的工资不得低于本单位相同岗位最低档工资或者劳动合同约定工资的百分之八

十，并不得低于用人单位所在地的最低工资标准。

10. 单位说试用期内随便解除劳动关系，对么？

【解答】

不对，除其他普通合同期内的解除条件外，必须证明不符合录用条件，如果录用条件不明确就不能援引此条规定来解除与劳动者间的劳动关系。

【法律依据】

《劳动合同法》第二十一条　在试用期中，除劳动者有本法第三十九条和第四十条第一项、第二项规定的情形外，用人单位不得解除劳动合同。用人单位在试用期解除劳动合同的，应当向劳动者说明理由。

《劳动合同法》第三十九条　劳动者有下列情形之一的，用人单位可以解除劳动合同：(一)在试用期间被证明不符合录用条件的；(二)严重违反用人单位的规章制度的；(三)严重失职，营私舞弊，给用人单位造成重大损害的；(四)劳动者同时与其他用人单位建立劳动关系，对完成本单位的工作任务造成严重影响，或者经用人单位提出，拒不改正的；(五)因本法第二十六条第一款第一项规定的情形致使劳动合同无效的；(六)被依法追究刑事责任的。

11. 进单位后，跟公司签合同，签了一年的试用期，单位做法对么？

【解答】

不对，试用期最多只能六个月，劳动合同里仅约定试用期的，该期限就直接是主合同期限。

【法律依据】

《劳动合同法》第十九条　劳动合同期限三个月以上不满一年的，试用期不得超过一个月；劳动合同期限一年以上不满三年的，试用期不得超过二个月；三年以上固定期限和无固定期限的劳动合同，试用期不得超过六个月。

同一用人单位与同一劳动者只能约定一次试用期。

以完成一定工作任务为期限的劳动合同或者劳动合同期限不满三个月的，不得约定试用期。

试用期包含在劳动合同期限内。劳动合同仅约定试用期的，试用期不成立，该期限为劳动合同期限。

12. 和企业签过竞业限制协议的员工离职后，员工没有从事限制行业工作，但是企业也没有支付竞业限制补偿金，怎么办？

【解答】

企业不支付竞业限制补偿金又没有声明放弃协议约定的，员工可以诉请要求企业支付该补偿金。如果没有约定金额，按离职前十二个月平均工资的30%发放，但不得低于当地最低工资标准。

【法律依据】

《劳动合同法》第二十三条　用人单位与劳动者可以在劳动合同中约定保守用人单位的商业秘密和与知识产权相关的保密事项。

对负有保密义务的劳动者，用人单位可以在劳动合同或者保密协议中与劳动者约定竞业限制条款，并约定在解除或者终止劳动合同后，在竞业限制期限内按月给予劳动者经济补偿。劳动者违反竞业限制约定的，应当按照约定向用人单位支付违约金。

最高人民法院《关于审理劳动争议案件适用法律若干问题的解释(四)》第六条　当事人在劳动合同或者保密协议中约定了竞业限制，但未约定解除或者终止劳动合同后给予劳动者经济补偿，劳动者履行了竞业限制义务，要求用人单位按照劳动者在劳动合同解除或者终止前十二个月平均工资的30%按月支付经济补偿的，人民法院应予支持。

前款规定的月平均工资的30%低于劳动合同履行地最低工资标准的，按照劳动合同履行地最低工资标准支付。

13. 单位未为员工办理社保，员工自行到流动窗口交费的，发生争议，提请劳动仲裁时可以要求单位赔偿全部已缴社保费吗？

【解答】

可以。

【法律依据】

湖北省人力资源和社会保障厅《关于审理劳动争议案件若干问题处理意见》（十六）因用人单位未依法办理社会保险，劳动者已在个人窗口办理社会保险的，可按其已缴费情况，裁决由用人单位支付劳动者已经缴纳应由单位缴纳的社会保险费部分，并裁决用人单位应将其纳入单位参保缴费范围。

14. 员工不告而别，单位可不可以向其索赔？

【解答】

在我国劳动法体系中，对劳动者辞职的限制比较少，但是需要提前三十天(试用期为三天)提出离职并办理好交接，否则造成损失，企业可以向劳动者求索(实践中对此求索要求比较严格)。

【法律依据】

《劳动合同法》第三十七条　劳动者提前三十日以书面形式通知用人单位，可以解除劳动合同。劳动者在试用期内提前三日通知用人单位，可以解除劳动合同。

《劳动合同法》第九十条　劳动者违反本法规定解除劳动合同，或者违反劳动合同中约定的保密义务或者竞业限制，给用人单位造成损失的，应当承担赔偿责任。

15. 提前下班路上出车祸而被判定不是工伤，合理合法么？

【解答】

合理合法，曾经有这样的判决，因为不是正确的下班时间而增加了发生事故的风险，属于不是合理时间下班，而未认定工伤。

【法律依据】

《工伤保险条例》第十四条　职工有下列情形之一的，应当认定为工伤：(六)在上下班途中，受到非本人主要责任的交通事故或者城市轨道交通、客运轮渡、火车事故伤害的。

《最高人民法院关于审理工伤保险行政案件若干问题的规定》第六条第一项　(一)在合理时间内往返于工作地与住所地、经常居住地、单位宿舍的合理路线的上下班途中。

16. 上班时，突发疾病，送医院后死亡，属于工伤么？

【解答】

发病四十八小时内死亡算，否则不算。

【法律依据】

《工伤保险条例》第十五条　职工有下列情形之一的，视同工伤：

(1)在工作时间和工作岗位，突发疾病死亡或者在四十八小时之内经抢救无效死亡的；

(2)在抢险救灾等维护国家利益、公共利益活动中受到伤害的；

(3)职工原在军队服役，因战、因公负伤致残，已取得革命伤残军人证，到用人单位后旧伤复发的。

职工有前款第(一)项、第(二)项情形的，按照本条例的有关规定享受工伤保险待遇；职工有前款第(三)项情形的，按照本条例的有关规定享受除一次性伤残补助金以外的工伤保险待遇。

17. 上班时，旧伤复发，属于工伤么？

【解答】

不算，除非是在军队服役时因战因公受的伤。

【法律依据】

《工伤保险条例》第十五条　职工有下列情形之一的，视同工伤：

(1)在工作时间和工作岗位，突发疾病死亡或者在48小时之内经抢救无效死亡的；

(2)在抢险救灾等维护国家利益、公共利益活动中受到伤害的；

(3)职工原在军队服役，因战、因公负伤致残，已取得革命伤残军人证，到用人单位后旧伤复发的。

职工有前款第(一)项、第(二)项情形的，按照本条例的有关规定享受工伤保险待遇；职工有前款第(三)项情形的，按照本条例的有关规定享受除一次性伤残补助金以外的工伤保险待遇。

18. 在单位宿舍因疾病猝死，属于工伤么？

【解答】

这要看(1)是不是在工作时开始发病的；(2)在宿舍里是不是工作的一部分，比如在宿舍里值更守夜的。

【法律依据】

《工伤保险条例》第十五条　职工有下列情形之一的，视同工伤：

(1)在工作时间和工作岗位，突发疾病死亡或者在四十八小时之内经抢救无效死亡的；

(2)在抢险救灾等维护国家利益、公共利益活动中受到伤害的；

(3)职工原在军队服役，因战、因公负伤致残，已取得革命伤残军人证，到用人单位后旧伤复发的。

职工有前款第(一)项、第(二)项情形的，按照本条例的有关规定享受工伤保险待遇；职工有前款第(三)项情形的，按照本条例的有关规定享受除一次性伤残补助金以外的工伤保险待遇。

19. 企业组织旅游期间员工发生意外死亡，属不属于工亡？

【解答】

不属于。

【法律依据】

《工伤保险条例》第十四条　职工有下列情形之一的，应当认定为工伤：

(1)在工作时间和工作场所内，因工作原因受到事故伤害的；

(2)工作时间前后在工作场所内，从事与工作有关的预备性或者收尾性工作受到事故伤害的；

(3)在工作时间和工作场所内，因履行工作职责受到暴力等意外伤害的；

(4)患职业病的；

(5)因工外出期间，由于工作原因受到伤害或者发生事故下落不明的；

(6)在上下班途中，受到非本人主要责任的交通事故或者城市轨道交通、客运轮渡、火车事故伤害的；

(7)法律、行政法规规定应当认定为工伤的其他情形。

20. 员工上班期间突发疾病成了植物人，单位未为其办理社保，要不要赔偿？

【解答】

要赔偿医药费，不是基于工伤赔偿的责任，而是基于未为员工依法办理社保而需要承担医疗保险费损失。

【法律依据】

《湖北省人力资源和社会保障厅《关于审理劳动争议案件若干问题处理意见》　(14)劳动关系存续期间，用人单位应依法为劳动者办理社会保险。因用人单位未依法办理社会保险，劳动者就用人单位未按规定参加社会保险或欠缴社会保险费提出补办、补缴的，应裁决用人单位到社保经办机构补办社会保险或补缴欠缴的社会保险费。

(15)对因政策性原因无法补办、补缴的，应裁定用人单位分别不同社会保险险种，补偿劳动者相应损失：

养老保险，可裁决用人单位按劳动者和本单位工作年限，工作每满一年，计发2个月本人申请仲裁前12个月平均工资的补偿费。本人申请仲裁前12个月平均工资高于当地上年度职工平均工资的，以当地上年度职工平均工资为计发基数；

医疗保险，可裁决由用人单位按当地城镇职工基本医疗保险政策规定，报销劳动者在劳动合同(关系)存续期间的医疗费用。

21. 发生工伤，但是单位未为员工办理社保，工伤赔偿由谁出？

【解答】

由单位出。

【法律依据】

《湖北省人力资源和社会保障厅《关于审理劳动争议案件若干问题处理意见》 (15)对因政策性原因无法补办、补缴的，应裁定用人单位分别不同社会保险险种，补偿劳动者相应损失：

养老保险，可裁决用人单位按劳动者和本单位工作年限，工作每满一年，计发2个月本人申请仲裁前12个月平均工资的补偿费。本人申请仲裁前12个月平均工资高于当地上年度职工平均工资的，以当地上年度职工平均工资为计发基数；

医疗保险，可裁决由用人单位按当地城镇职工基本医疗保险政策规定，报销劳动者在劳动合同(关系)存续期间的医疗费用；

失业保险，可裁决用人单位按国务院失业保险条例规定，赔偿劳动者失业保险金；

工伤和生育保险，可裁决用人单位依据当地工伤保险和生育保险规定，支付职工工伤保险待遇和生育待遇。

22. 员工主动辞职是不是就没有离职补偿了？

【解答】

不是的，如果是因为用人单位不发工资、不办社保、不签合同提出离职的，有权要求离职补偿，但是最好在辞职信中写明理由。

【法律依据】

《劳动合同法》第三十八条　用人单位有下列情形之一的，劳动者可以解除劳动合同：

(1)未按照劳动合同约定提供劳动保护或者劳动条件的；

(2)未及时足额支付劳动报酬的；

(3)未依法为劳动者缴纳社会保险费的；

(4)用人单位的规章制度违反法律、法规的规定，损害劳动者权益的；

(5)因本法第二十六条第一款规定的情形致使劳动合同无效的；

(6)法律、行政法规规定劳动者可以解除劳动合同的其他情形。

用人单位以暴力、威胁或者非法限制人身自由的手段强迫劳动者劳动的，或者用人单位违章指挥、强令冒险作业危及劳动者人身安全的，劳动者可以立即解除劳动合同，不需事先告知用人单位。

23. 单位说需要裁人，向我提出补偿 N+1 个月工资就让我离职，合法么？

【解答】

不合法。N+1 个月离职补偿适用于协商解除劳动关系和法定的一些单方解除劳动关系情形，如果没有这些法定理由，劳动者又不同意离职，不可以此种方式要求劳动者离职。

【法律依据】

《劳动合同法》第四十六条　有下列情形之一的，用人单位应当向劳动者支付经济补偿：

(1)劳动者依照本法第三十八条规定解除劳动合同的；

(2)用人单位依照本法第三十六条规定向劳动者提出解除劳动合同并与劳动者协商一致解除劳动合同的；

(3)用人单位依照本法第四十条规定解除劳动合同的；

(4)用人单位依照本法第四十一条第一款规定解除劳动合同的；

(5)除用人单位维持或者提高劳动合同约定条件续订劳动合同，劳动者不同意续订的情形外，依照本法第四十四条第一项规定终止固定期限劳动合同的；

(6)依照本法第四十四条第四项、第五项规定终止劳动合同的；

(7)法律、行政法规规定的其他情形。

24. 单位是不是只要付2N个月的工资就肯定能让员工离职？

【解答】

不是的。2N(在本单位工作年限)个月离职赔偿金是在用人单位违法解除劳动关系，且劳动者同意离职的情形下的赔偿金，如劳动者要求继续履行劳动合同，用人单位应当继续履行合同。

【法律依据】

《劳动合同法》第四十八条　用人单位违反本法规定解除或者终止劳动合同，劳动者要求继续履行劳动合同的，用人单位应当继续履行；劳动者不要求继续履行劳动合同或者劳动合同已经不能继续履行的，用人单位应当依照本法第八十七条规定支付赔偿金。

25. 劳动者被原用人单位安排到新用人单位工作，原用人单位未支付经济补偿，后来离职，新单位只按本单位工作年限补偿，合法么？

【解答】

不合法，计算离职补偿金或赔偿金时，合并原单位工龄计算。

【法律依据】

最高院《最高人民法院关于审理劳动争议案件适用法律若干问题的解释(四)》第五条　劳动者非因本人原因从原用人单位被安排到新用人单位工作，原用人单位未支付经济补偿，劳动者依照劳动合同法第三十八条规定与新用人单位解除劳动合同，或者新用人单位向劳动者提出解除、终止劳动合同，在计算支付经济补偿或赔偿金的工作年限时，劳动者请求把在原用人单位的工作年限合并计算为新用人单位工作年限的，人民法院应予支持。

用人单位符合下列情形之一的，应当认定属于“劳动者非因本人原因从原用人单位被安排到新用人单位工作”：

(1)劳动者仍在原工作场所、工作岗位工作，劳动合同主体由原用人单位变更为新用人单位；

(2)用人单位以组织委派或任命形式对劳动者进行工作调动；

(3)因用人单位合并、分立等原因导致劳动者工作调动；

(4)用人单位及其关联企业与劳动者轮流订立劳动合同；

(5)其他合理情形。

26. 单位跟我签了一年的试用合同，过了十个月说不符合录用条件解聘我合理合法吗？

【解答】

不合理也不合法。试用期最多只能六个月，而且如果只签了试用期就应该将该期限视为正式劳动合同期间，解除劳动关系要按劳动合同的解除规定。

【法律依据】

《劳动合同法》第十九条 劳动合同期限三个月以上不满一年的，试用期不得超过一个月；劳动合同期限一年以上不满三年的，试用期不得超过二个月；三年以上固定期限和无固定期限的劳动合同，试用期不得超过六个月。

同一用人单位与同一劳动者只能约定一次试用期。

以完成一定工作任务为期限的劳动合同或者劳动合同期限不满三个月的，不得约定试用期。

试用期包含在劳动合同期限内。劳动合同仅约定试用期的，试用期不成立，该期限为劳动合同期限。

27. 我由一个劳动派遣公司派到一个用工单位，后来，用工单位把我退回来了，然后劳动派遣公司也不要我了，他们做得对不对？

【解答】

不对。劳动派遣公司应该和被派遣劳动者签订两年劳动合同，如果合同期没满，被用工单位退回来后，应该再向其他用工单位派遣，否则应向劳动者发放不低于当地最低工资标准的工资。

【法律依据】

《劳动合同法》第五十八条 劳务派遣单位是本法所称用人单位，应当履行用人单位对劳动者的义务。劳务派遣单位与被派遣劳动者订立的劳动合同，除应当载明本法第十七条规定的事项外，还应当载明被派遣劳动者的用工单位以及派遣期限、工作岗位等情况。

劳务派遣单位应当与被派遣劳动者订立二年以上的固定期限劳动合同，按月支付劳动报酬；被派遣劳动者在无工作期间，劳务派遣单位应当按照所在地人民政府规定的最低工资标准，向其按月支付报酬。

28. 我由一个劳动派遣公司派到一个用工单位，由用工单位出钱办理了社保，后来，用工单位把我退回来了，然后劳动派遣公司说没有用工单位出钱他们停了我的社保，他们做得对不对？

【解答】

不对。被派遣劳动者是和劳动派遣公司之间存在劳动关系，至少应该签订两年的合同，如果合同期未满，无论有没有用工单位都应给被派遣劳动者办理社保。

【法律依据】

《劳动合同法》第五十八条　劳务派遣单位是本法所称用人单位，应当履行用人单位对劳动者的义务。劳务派遣单位与被派遣劳动者订立的劳动合同，除应当载明本法第十七条规定的事项外，还应当载明被派遣劳动者的用工单位以及派遣期限、工作岗位等情况。

劳务派遣单位应当与被派遣劳动者订立二年以上的固定期限劳动合同，按月支付劳动报酬；被派遣劳动者在无工作期间，劳务派遣单位应当按照所在地人民政府规定的最低工资标准，向其按月支付报酬。

29. 我工作的单位把我们的劳动关系转到一个劳动派遣公司，然后还是在原来的岗位做着原来的工作，福利待遇有所下降，请问合法么？

【解答】

不合法。被派遣劳动者享有与用工单位的劳动者同工同酬的权利。

【法律依据】

《劳动合同法》第六十三条　被派遣劳动者享有与用工单位的劳动者同工同酬的权利。用工单位无同类岗位劳动者的，参照用工单位所在地相同或者相近岗位劳动者的劳动报酬确定。

《劳动合同法》第六十六条　劳务派遣一般在临时性、辅助性或者替代性的工作岗位上实施。

30. 我在别人家做保姆，他们不给我买社保，合法么？

【解答】

合法。你们这是个人间提供劳务的劳务关系，个人不可作为用工单位，你们的关系不受《劳动法》和《劳动合同法》的调整，因此不需要买社保。

【法律依据】

《劳动法》第二条　在中华人民共和国境内的企业、个体经济组织(以下统称用人单位)和与之形成劳动关系的劳动者，适用本法。

国家机关、事业组织、社会团体和与之建立劳动合同关系的劳动者，依照本法执行。

31. 我在一个学校做保洁，每天下午下课后打扫三个小时，学校不跟我签劳动合同，最近直接辞退了我，请问合法么?

【解答】

合法。你和学校之间是非全日制用工关系。

【法律依据】

《劳动合同法》第六十八条　非全日制用工，是指以小时计酬为主，劳动者在同一用人单位一般平均每日工作时间不超过四小时，每周工作时间累计不超过二十四小时的用工形式。

《劳动合同法》第六十九条　非全日制用工双方当事人可以订立口头协议。

从事非全日制用工的劳动者可以与一个或者一个以上用人单位订立劳动合同；但是，后订立的劳动合同不得影响先订立的劳动合同的履行。

《劳动合同法》第七十一条　非全日制用工双方当事人任何一方都可以随时通知对方终止用工。终止用工，用人单位不向劳动者支付经济补偿。

32. 连续工作满十年后，是否能在固定期限劳动合同履行中提出变更合同期限？

【解答】

用人单位应当订立无固定期限劳动合同只能是在双方续订或订立劳动合同时。如果是在劳动合同履行的过程中，劳动者达到连续工作满十年的条件，提出订立无固定期限劳动合同的，如果双方协商一致，可以变更劳动合同期限，但是，如果用人单位不同意，则应继续履行原劳动合同。但是，待劳动合同期限届满时，劳动者提出续订无固定期限劳动合同的，用人单位则必须订立，不得拒绝。

【法律依据】

《劳动合同法》第十四条　无固定期限劳动合同，是指用人单位与劳动者约定无确定终止时间的劳动合同。

用人单位与劳动者协商一致，可以订立无固定期限劳动合同。

有下列情形之一，劳动者提出或者同意续订、订立劳动合同的，除劳动者提出订立固定期限劳动合同外，应当订立无 期限劳动合同：

(一)劳动者在该单位连续工作满十年的；

……

《劳动合同法》第八十二条　用人单位违反本法规定不与劳

动者订立无固定期限劳动合同的，自应当订立无固定期限劳动合同之日起向劳动者每月支付二倍的工资。

33. 我在应聘和签合同的时候用了假身份证，单位发现后把我开除了，合法么？

【解答】

合法。你提供的假身份证令你们签的劳动合同无效。

【法律依据】

《劳动合同法》第二十六条　下列劳动合同无效或者部分无效：(1)以欺诈、胁迫的手段或者乘人之危，使对方在违背真实意思的情况下订立或者变更劳动合同的；(2)用人单位免除自己的法定责任、排除劳动者权利的；(3)违反法律、行政法规强制性规定的。对劳动合同的无效或者部分无效有争议的，由劳动争议仲裁机构或者人民法院确认。

《劳动合同法》第三十九条　劳动者有下列情形之一的，用人单位可以解除劳动合同：(1)在试用期间被证明不符合录用条件的；(2)严重违反用人单位的规章制度的；(3)严重失职，营私舞弊，给用人单位造成重大损害的；(4)劳动者同时与其他用人单位建立劳动关系，对完成本单位的工作任务造成严重影响，或者经用人单位提出，拒不改正的；(5)因本法第二十六条第一款第一项规定的情形致使劳动合同无效的；(6)被依法追究刑事责任的。

34. 我在工作之余在其他单位兼职，单位知道后直接将我开除，合法么？

【解答】

要看两个方面：其一，你的兼职是否严重影响你在这边用人单位的工作任务，其二，是否有这边单位警告你不得继续兼职而你置之不理的情况，如果有这两条中的一条，单位开除你是合法的。

【法律依据】

《劳动合同法》第三十九条　劳动者有下列情形之一的，用人单位可以解除劳动合同：(1) 在试用期间被证明不符合录用条件的；(2) 严重违反用人单位的规章制度的；(3) 严重失职，营私舞弊，给用人单位造成重大损害的；(4) 劳动者同时与其他用人单位建立劳动关系，对完成本单位的工作任务造成严重影响，或者经用人单位提出，拒不改正的；(5) 因本法第二十六条第一款第一项规定的情形致使劳动合同无效的；(6) 被依法追究刑事责任的。

35. 我因酒驾被处行政拘留，单位知道后直接将我开除，合法么？

【解答】

要看你们单位的规章制度中有没有约定受到治安行政处罚就

为严重违反单位规章制度的约定，如果没有，是违法的，因为治安行政处罚并不是法定的单位单方解除劳动关系情形。

【法律依据】

《劳动合同法》第三十九条　劳动者有下列情形之一的，用人单位可以解除劳动合同：(1)在试用期间被证明不符合录用条件的；(2)严重违反用人单位的规章制度的；(3)严重失职，营私舞弊，给用人单位造成重大损害的；(4)劳动者同时与其他用人单位建立劳动关系，对完成本单位的工作任务造成严重影响，或者经用人单位提出，拒不改正的；(5)因本法第二十六条第一款第一项规定的情形致使劳动合同无效的；(6)被依法追究刑事责任的。

36. 女员工孕产期间，单位擅自降低其工资标准或解除劳动关系，合法么？

【解答】

不合法。

【法律依据】

国务院《女职工劳动保护特别规定》第五条　用人单位不得因女职工怀孕、生育、哺乳降低其工资、予以辞退、与其解除劳动或者聘用合同。

37. 女员工休产假期间，单位停发工资，说直接发生育津贴，合法么？

【解答】

合法，但要具体看津贴与工资哪一个高，然后最终发放应以工资为准。

【法律依据】

《武汉市职工生育保险办法》第十五条　社会保险经办机构按照本办法规定标准拨付给用人单位的职工生育津贴、护理假津贴，用人单位必须用于职工在生育、产假、护理假期间内应当享受的工资及福利待遇。拨付的费用低于职工本人工资、福利标准的，其差额由职工所在单位补足；高于职工本人工资、福利标准的，其结余归入职工所在单位的职工福利费。

由财政全额拨款的单位，其职工生育保险有关费用由社会保险经办机构与财政部门另行结算。

38. 女员工怀孕后就拒不到用人单位上班，单位以旷工为由辞退，合法么？

【解答】

合法，旷工一般是严重违反规章制度行为，不在不可辞退情形内。

【法律依据】

《劳动合同法》第三十九条　劳动者有下列情形之一的，用人单位可以解除劳动合同：(1)在试用期间被证明不符合录用条件的；(2)严重违反用人单位的规章制度的；(3)严重失职，营私舞弊，给用人单位造成重大损害的；(4)劳动者同时与其他用人单位建立劳动关系，对完成本单位的工作任务造成严重影响，或者经用人单位提出，拒不改正的；(5)因本法第二十六条第一款第一项规定的情形致使劳动合同无效的；(6)被依法追究刑事责任的。由财政全额拨款的单位，其职工生育保险有关费用由社会保险经办机构与财政部门另行结算。

《劳动合同法》第四十二条　劳动者有下列情形之一的，用人单位不得依照本法第四十条、第四十一条的规定解除劳动合同：(1)从事接触职业病危害作业的劳动者未进行离岗前职业健康检查，或者疑似职业病病人在诊断或者医学观察期间的；(2)在本单位患职业病或者因工负伤并被确认丧失或者部分丧失劳动能力的；(3)患病或者非因工负伤，在规定的医疗期内的；(4)女职工在孕期、产期、哺乳期的；(5)在本单位连续工作满十五年，且距法定退休年龄不足五年的；(6)法律、行政法规规定的其他情形。

39. 我卧病一年，单位按最低工资标准80%发放工资，病假结束后辞退我，不按我原来的工资计算补偿金，这些做法合法么？

【解答】

合法。

【法律依据】

《劳动部关于贯彻执行〈中华人民共和国劳动法〉若干问题的意见》（59）职工患病或非因工负伤治疗期间，在规定的医疗期间内由企业按有关规定支付其病假工资或疾病救济费，病假工资或疾病救济费可以低于当地最低工资标准支付，但不能低于最低工资标准的80%。

《劳动合同法》第四十条　有下列情形之一的，用人单位提前三十日以书面形式通知劳动者本人或者额外支付劳动者一个月工资后，可以解除劳动合同：(1)劳动者患病或者非因工负伤，在规定的医疗期满后不能从事原工作，也不能从事由用人单位另行安排的工作的……

《劳动合同法》第四十七条　经济补偿按劳动者在本单位工作的年限，每满一年支付一个月工资的标准向劳动者支付。六个月以上不满一年的，按一年计算；不满六个月的，向劳动者支付半个月工资的经济补偿。

劳动者月工资高于用人单位所在直辖市、设区的市级人民政府公布的本地区上年度职工月平均工资三倍的，向其支付经济补偿的标准按职工月平均工资三倍的数额支付，向其支付经济补偿的年限最高不超过十二年。

本条所称月工资是指劳动者在劳动合同解除或者终止前十二个月的平均工资。

40. 我生了重病(非工伤)，单位只让我休养六个月，请问合法么？

【解答】

这个需要看你的实际工作年限和在本单位工作年限长度，有规定。

【法律依据】

《企业职工患病或非因工负伤医疗期规定》第二条 医疗期是指企业职工因患病或非因工负伤停止工作治病休息不得解除劳动合同的时限。

《企业职工患病或非因工负伤医疗期规定》第三条 企业职工因患病或非因工负伤，需要停止工作医疗时，根据本人实际参加工作年限和在本单位工作年限，给予三个月到二十四个月的医疗期：(1)实际工作年限十年以下的，在本单位工作年限五年以下的为三个月；五年以上的为六个月。(2)实际工作年限十年以上的，在本单位工作年限五年以下的为六个月；五年以上十年以下的为九个月；十年以上十五年以下的为十二个月；十五年以上二十年以下的为十八个月；二十年以上的为二十四个月。

《企业职工患病或非因工负伤医疗期规定》第四条 医疗期三个月的按六个月内累计病休时间计算；六个月的按十二个月内累计病休时间计算；九个月的按十五个月内累计病休时间计算；十二个月的按十八个月内累计病休时间计算；十八个月的按二十四个月内累计病休时间计算；二十四个月的按三十个月内累计病休时间计算。

《劳动部关于贯彻执行〈中华人民共和国劳动法〉若干问题的意见》 (59)职工患病或非因工负伤治疗期间，在规定的医疗期间内由企业按有关规定支付其病假工资或疾病救济费，病假工资或疾病救济费可以低于当地最低工资标准支付，但不能低于最低工资标准的80%。

41. 劳动者自己提出离职，又要求单位配合办失业保险金，合法么？

【解答】

不合法，非因劳动者本人因素才可申领失业保险金。

【法律依据】

《失业保险条例》第十四条　具备下列条件的失业人员，可以领取失业保险金：

(1) 按照规定参加失业保险，所在单位和本人已按照规定履行缴费义务满一年的；

(2) 非因本人意愿中断就业的；

(3) 已办理失业登记，并有求职要求的。

失业人员在领取失业保险金期间，按照规定同时享受其他失业保险待遇。

42. 劳动者没有和用人单位签订劳动合同，就一定不是劳动关系么？

【解答】

不一定。劳动关系以有实际用工为唯一标准。没有劳动合同有其他的证据能证明，比如：工资凭证、社保记录、工作证、登记表等。

【法律依据】

《劳动合同法》第七条　用人单位自用工之日起即与劳动者建立劳动关系。用人单位应当建立职工名册备查。

《劳动和社会保障部关于确立劳动关系有关事项的通知》二、用人单位未与劳动者签订劳动合同，认定双方存在劳动关系时可参照下列凭证：

(1)工资支付凭证或记录(职工工资发放花名册)、缴纳各项社会保险费的记录；

(2)用人单位向劳动者发放的“工作证”、“服务证”等能够证明身份的证件；

(3)劳动者填写的用人单位招工招聘“登记表”、“报名表”等招用记录；

(4)考勤记录；

(5)其他劳动者的证言等。

其中，(1)、(3)、(4)项的有关凭证由用人单位负举证责任。

43. 员工入职的时候，在单位进行了一个入职培训，单位约定了服务期，后来员工要辞职，单位要求员工赔培训费，合理吗？

【解答】

不合理。约定服务期需要单位提供了专项经费进行了专业技术培训。

【法律依据】

《劳动合同法》第二十二条　用人单位为劳动者提供专项培训费用，对其进行专业技术培训的，可以与该劳动者订立协议，约定服务期。

劳动者违反服务期约定的，应当按照约定向用人单位支付违约金。违约金的数额不得超过用人单位提供的培训费用。用人单位要求劳动者支付的违约金不得超过服务期尚未履行部分所应分摊的培训费用。

用人单位与劳动者约定服务期的，不影响按照正常的工资调整机制提高劳动者在服务期期间的劳动报酬。

44. 员工入职的时候，单位和他签订了一个竞业限制协议，约定竞业限制补偿在日常工资中发放，然后离职后没有发放任何补偿，员工需要遵守限制么?

【解答】

如果单位三个月不发放补贴，员工可以要求解除限制，不再遵守。

【法律依据】

《劳动合同法》第二十三条　用人单位与劳动者可以在劳动合同中约定保守用人单位的商业秘密和与知识产权相关的保密事项。

对负有保密义务的劳动者，用人单位可以在劳动合同或者保密协议中与劳动者约定竞业限制条款，并约定在解除或者终止劳动合同后，在竞业限制期限内按月给予劳动者经济补偿。劳动者违反竞业限制约定的，应当按照约定向用人单位支付违约金。

《最高人民法院关于审理劳动争议案件适用法律若干问题的解释(四)》第八条 当事人在劳动合同或者保密协议中约定了竞业限制和经济补偿，劳动合同解除或者终止后，因用人单位的原因导致三个月未支付经济补偿，劳动者请求解除竞业限制约定的，人民法院应予支持。

45. X某入职的时候，单位和他签订了一个竞业限制协议，然后离职后没有发放任何补偿，单位也没声明解除限制，X某在家玩了几个月，想找原单位要求竞业限制补偿金，可以么？

【解答】

可以，不超过约定期限都行(也不得超过两年)，月补偿金额不低于当地月最低工资标准。

【法律依据】

《劳动合同法》第二十三条 用人单位与劳动者可以在劳动合同中约定保守用人单位的商业秘密和与知识产权相关的保密事项。

对负有保密义务的劳动者，用人单位可以在劳动合同或者保密协议中与劳动者约定竞业限制条款，并约定在解除或者终止劳动合同后，在竞业限制期限内按月给予劳动者经济补偿。劳动者违反竞业限制约定的，应当按照约定向用人单位支付违约金。

《劳动合同法》第二十四条　竞业限制的人员限于用人单位的高级管理人员、高级技术人员和其他负有保密义务的人员。竞业限制的范围、地域、期限由用人单位与劳动者约定，竞业限制的约定不得违反法律、法规的规定。

在解除或者终止劳动合同后，前款规定的人员到与本单位生产或者经营同类产品、从事同类业务的有竞争关系的其他用人单位，或者自己开业生产或者经营同类产品、从事同类业务的竞业限制期限，不得超过二年。

《劳动合同法》第六条　当事人在劳动合同或者保密协议中约定了竞业限制，但未约定解除或者终止劳动合同后给予劳动者经济补偿，劳动者履行了竞业限制义务，要求用人单位按照劳动者在劳动合同解除或者终止前十二个月平均工资的30%按月支付经济补偿的，人民法院应予支持。

《最高人民法院关于审理劳动争议案件适用法律若干问题的解释(四)》　前款规定的月平均工资的30%低于劳动合同履行地最低工资标准的，按照劳动合同履行地最低工资标准支付。

46. 单位和我连续三年每年签一个一年期劳动合同，第三年期满后，单位说不再续签，给我三个月工资让我走人，请问合法么？

【解答】

不合法，连续签两次无固定期限劳动合同后，除非是劳动者提出要求签固定期限劳动合同，双方应签订无固定期限劳动合同，那么就不存在续签问题。

【法律依据】

《劳动合同法》第十四条　无固定期限劳动合同，是指用人单位与劳动者约定无确定终止时间的劳动合同。

用人单位与劳动者协商一致，可以订立无固定期限劳动合同。有下列情形之一，劳动者提出或者同意续订、订立劳动合同的，除劳动者提出订立固定期限劳动合同外，应当订立无固定期限劳动合同：（一）劳动者在该用人单位连续工作满十年的；（二）用人单位初次实行劳动合同制度或者国有企业改制重新订立劳动合同时，劳动者在该用人单位连续工作满十年且距法定退休年龄不足十年的；（三）连续订立二次固定期限劳动合同，且劳动者没有本法第三十九条和第四十条第一项、第二项规定的情形，续订劳动合同的。用人单位自用工之日起满一年不与劳动者订立书面劳动合同的，视为用人单位与劳动者已订立无固定期限劳动合同。

47. 单位和普通业务员签订竞业限制协议，合理么？

【解答】

如果知悉一定程度的商业秘密，可以签订，否则不合理。不过，单位需要为竞业限制支付补偿金，不得低于最低工资标准，胡乱签订竞业限制协议对单位也是一定的负担。

【法律依据】

《劳动合同法》第二十四条　竞业限制的人员限于用人单位的高级管理人员、高级技术人员和其他负有保密义务的人员。竞业限制的范围、地域、期限由用人单位与劳动者约定，竞业限制的约定不得违反法律、法规的规定。

在解除或者终止劳动合同后，前款规定的人员到与本单位生产或者经营同类产品、从事同类业务的有竞争关系的其他用人单位，或者自己开业生产或者经营同类产品、从事同类业务的竞业限制期限，不得超过二年。

48. 在建筑工地工作时受了重伤，但是包工头没钱赔，怎么办？

【解答】

找包工头的上级有用工资质的发包方，但是，双方又不属于劳动关系，可以寻找雇员人身赔偿途径向该发包方主张人身损害赔偿责任。

【法律依据】

《劳动和社会保障部关于确立劳动关系有关事项的通知》（4）建筑施工、矿山企业等用人单位将工程（业务）或经营权发包给不具备用工主体资格的组织或自然人，对该组织或自然人招用的劳动者，由具备用工主体资格的发包方承担用工主体责任。

49. 工人多少岁退休？怎么规定的？

【解答】

首先，要组织人事档案上标明的是工人。在确定身份后，一般是男性60周岁，女性50周岁退休。

【法律依据】

《关于工人退休、退职的暂行办法(国发[78]104号)》 附件二：第一条 全民所有制企业、事业单位和党政机关、群众团体的工人，符合下列条件之一的，应该退休。(1)男年满六十周岁，女年满五十周岁，连续工龄满十年的。(2)从事井下、高空、高温、特别繁重体力劳动或者其他有害身体健康的工作，男年满五十五周岁，女年满四十五周岁，连续工龄满十年的。本项规定也适用于工作条件与工人相同的基层干部。(3)男年满五十周岁，女年满四十五周岁，连续工龄满十年的，由医院证明，并经劳动鉴定委员会确认，完全丧失劳动能力的。(4)因工致残，由医院证明，并经劳动鉴定委员会确认，完全丧失劳动能力的。

50. 经济补偿金的平均工资基数是否要计算“年终十三薪”？

【解答】

“年终奖十三薪”是奖金的性质，属于工资总额的组成部分，因此用人单位在对经济补偿金的平均工资基数进行计算时，应当将劳动者“年终奖十三薪”计算在“前十二个月工资”之内。

【法律依据】

《国家统计局关于工资总额组成的规定》第四条　工资总额由下列六个部分组成：(1)计时工资；(2)计件工资；(3)奖金；(4)津贴和补贴；(5)加班加点工资；(6)特殊情况下支付的工资。

51. 规章制度规定旷工一天扣三天工资是否有效？

【解答】

司法实践中答案是否定的。

首先用人单位在制定规章制度时应当经过民主程序。那能否认为只要经过民主程序，此规定就能对员工进行适用呢？至少从目前的司法实践中，答案依然是否定的。司法机关对于旷工一天扣三天工资的规定不予支持的逻辑为：员工旷工一天单位可以扣一天的工资，但是单位多扣的两天工资为劳动者正常工作的工资，涉嫌克扣劳动者工资。而《劳动合同法》规定，用人单位应当按照劳动合同约定和国家规定，向劳动者及时足额支付劳动报酬。同时，如果我们再细细研究，可能会发现，这样的规定带给单位的风险可能不仅仅在于补上另外两天工资差额的问题。根据《劳动合同法》第三十八条的规定，用人单位未及时足额支付劳动报酬的；用人单位的规章制度违反法律、法规的规定，损害劳动者权益的，劳动者可以解除劳动合同且可以要求用人单位支付经济补偿金。所以单位在制定规章制度的时候需要注意，做到既合法也合理。否则在发生劳动争议时很有可能会因为制度违法或不具有合理性而不被司法机关所采纳。

【法律依据】

《劳动合同法》第四条　用人单位在制定、修改或者决定有关劳动报酬、工作时间、休息休假、劳动安全卫生、保险福利、职工培训、劳动纪律以及劳动定额管理等直接涉及劳动者切身利益的规章制度或者重大事项时，应当经职工代表大会或者全体职工讨论，提出方案和意见，与工会或者职工代表平等协商确认。

52. 加班争议该由谁来举证？

【解答】

对于劳动者提出企业未付、少付加班费的，应当先由劳动者完成对加班事实的初步举证责任，若劳动者无法提供初步证据证明其加班事实的，则承担不利后果。但考虑到在劳动争议处理程序中，劳动者通常情况下与掌握大量人力、物力和财力的用人单位相比是弱者，其在劳动争议处理程序中的对抗能力远不及用人单位，因此，若劳动者提供了加班事实的初步证据，举证责任就转移至企业方，由企业方承担是否少支付或者是否应付加班费的举证责任。

司法实践认为“用人单位掌握管理”的证据基本上包括：劳动者填写的用人单位招工招聘“登记表”、“报名表”等招用记录、考勤记录、工资支付凭证或记录、绩效考核记录、奖惩记录、加班工资或待遇发放记录、用人单位的规章制度等。用人单位不提供的(这里的“不提供”是指用人单位主观上“不提供”，而不是客观上的“不能提供”)，那么用人单位就必然因为自己不提供其应当提供的证据而承担不利的法律后果。

【法律依据】

《最高院关于审理劳动争议案件适用法律若干问题的解释(三)》第九条　劳动者主张加班费的，应当就加班事实的存在承担举证责任。但劳动者有证据证明用人单位掌握加班事实存在的证据，用人单位不提供的，由用人单位承担不利后果。

《劳动争议调解仲裁法》第六条　与争议事项有关的证据属于用人单位掌握管理的，用人单位应当提供，否则将承担不利后果。

53. 违法约定试用期，用人单位需承担什么责任?

【解答】

违法约定的试用期，在高于法定标准约定试用期的情形下，如果尚未履行的，劳动行政部门可以要求整改。如果已经履行了，那就需要承担赔偿责任。劳动者可以要求用人单位以试用期满工资为标准，按已经履行的超过法定试用期的期间向劳动者支付赔偿金。

【法律依据】

《劳动合同法》第十九条　劳动合同期限三个月以上不满一

年的，试用期不得超过一个月；劳动合同期限一年以上不满三年的，试用期不得超过二个月；三年以上固定期限和无固定期限的劳动合同，试用期不得超过六个月。同一用人单位与同一劳动者只能约定一次试用期。以完成一定工作任务为期限的劳动合同或者劳动合同期限不满三个月的，不得约定试用期。

《劳动合同法》第八十三条　用人单位违反本法规定与劳动者约定试用期的，由劳动行政部门责令改正；违法约定的试用期已经履行的，由用人单位以劳动者试用期满月工资为标准，按已经履行的超过法定试用期的期间向劳动者支付赔偿金。

54. 职工服从原用人单位被安排至新用人单位(集团内或关联企业等)工作，后与新用人单位解除劳动合同，如涉及经济补偿金，那么工作年限是如何核定？

【解答】

首先，需确认原用人单位是否支付经济补偿金，如已支付，那么工作年限仅以在新用人单位工作年限核算；如原用人单位未支付经济补偿金，劳动者请求把在原用人单位的工作年限合并计算为新用人单位工作年限的，人民法院应予支持。

【法律依据】

《最高人民法院关于审理劳动争议案件适用法律若干问题的解释(四)》第五条　劳动者非因本人原因从原用人单位被安排到新用人单位工作，原用人单位未支付经济补偿，劳动者依照劳动合同法第三十八条规定与新用人单位解除劳动合同，或者新用人单位向劳动者提出解除、终止劳动合同，在计算支付经济补偿或赔偿金的工作年限时，劳动者请求把在原用人单位的工作年限合并计算为新用人单位工作年限的，人民法院应予支持。

用人单位符合下列情形之一的，应当认定属于“劳动者非因本人原因从原用人单位被安排到新用人单位工作”：

(1)劳动者仍在原工作场所、工作岗位工作，劳动合同主体由原用人单位变更为新用人单位；

(2)用人单位以组织委派或任命形式对劳动者进行工作调动；

(3)因用人单位合并、分立等原因导致劳动者工作调动；

(4)用人单位及其关联企业与劳动者轮流订立劳动合同；

(5)其他合理情形。

55. 解除劳动合同的经济补偿金是否免征个税？

【解答】

具体视经济补偿金的数额而定，如经济补偿金的金额在当地上年职工平均工资3倍数额以内的部分，免征个人所得税；超过的部分按有关规定，计征个税。

【法律依据】

《财政部、国家税务总局关于个人与用人单位解除劳动关系取得的一次性补偿收入征免个人所得税问题的通知》(财税[2001]157号)　(1)个人因与用人单位解除劳动关系而取得的一次性补偿收入(包括用人单位发放的经济补偿金、生活补助费和其他补助费用)，其收入在当地上年职工平均工资3倍数额以内的部分，免征个人所得税；超过的部分按照《国家税务总局关于个人因解除劳动合同取得经济补偿金征收个人所得税问题的通知》(国税发[1999]178号)的有关规定，计算征收个人所得税。(2)个人领取一次性补偿收入时按照国家和地方政府规定的比例实际缴纳的住房公积金、医疗保险费、基本养老保险费、失业保险费，可以在计征其一次性补偿收入的个人所得税时予以扣除。(3)企业依照国家有关法律规定宣告破产，企业职工从该破产企业取得的一次性安置费收入，免征个人所得税。

56. 劳动合同期满，用人单位不续签，单位是否需要支付经济补偿金?

【解答】

劳动合同期满，用人单位提出不续签的，应该会付劳动者经济补偿金。如果劳动者存在可要求续签无固定期限劳动合同的话，用人单位拒绝续签违法，应支付劳赔偿金。

【法律依据】

《劳动合同法》第四十六条　下列情形之一的，用人单位应当向劳动者支付经济补偿金：……(5)除用人单位维持或者提高劳动合同约定条件续订劳动合同的，劳动者不同意续订的情形外，依照本法第四十四条第一项规定终止固定期限劳动合同的……

《劳动合同法》第四十七条　经济补偿按劳动者在本单位工作的年限，每满一年支付一个月工资的标准向劳动者支付。六个月以上不满一年的，按一年计算；不满六个月的，向劳动者支付半个月工资的经济补偿。

劳动者月工资高于用人单位所在直辖市、设区的市级人民政府公布的本地区上年度职工月平均工资三倍的，向其支付经济补偿的标准按职工月平均工资三倍的数额支付，向其支付经济补偿的年限最高不超过十二年。

本条所称月工资是指劳动者在劳动合同解除或者终止前十二个月的平均工资。

《劳动合同法》第八十七条　用人单位违反本法规定解除或者终止劳动合同的，应当依照本法第四十七条规定的经济补偿标准的二倍向劳动者支付赔偿金。

57. 医疗期内终止劳动合同是否合法？

【解答】

不合法。医疗期是劳动者因患病或非因工负伤停止工作治病休息不得解除或者终止劳动合同的期限。医疗期的期限由劳动者的累计工作年限和在本单位的工作年限决定，从三个月至二十四个月不等。如劳动合同期满但仍在医疗期内的，应将劳动合同延续至员工医疗期终结后，才可以终止劳动合同。

【法律依据】

《劳动合同法》第四十二条　劳动者有下列情形之一的，用人单位不得依照本法第四十条、第四十一条的规定解除劳动合同：……(2)在本单位患职业病或者因工负伤并被确认丧失或者部分丧失劳动能力的。

《劳动合同法》第四十五条　劳动合同期满，有本法第四十二条规定情形之一的，劳动合同应当续延至相应的情形消失时终止。

有关医疗期的规定可参照《企业职工患病或非因工负伤医疗期规定》。

58. 如单位仅以员工不满工作安排，造成不良影响为由，将员工辞退。该员工是否可主张赔偿金？

【解答】

需视具体情况而定。如单位未对辞退该员工所依据的事实及正当性进行举证证明，那么，系违法解除劳动合同，该员工可主张赔偿金。也就是说，单位如以严重违反单位规章制度为由作出开除决定的，用人单位还应当对违反制度的严重性、规章制度制定程序的合法性以及是否公示、告知等进行举证。

【法律依据】

《劳动合同法》第八十七条　用人单位违反本法规定解除或者终止劳动合同的，应当依照本法第四十七条规定的经济补偿标准的二倍向劳动者支付赔偿金。

59. 对于年度未休年假，单位规定超过时间即视为年假作废，是否合理？

【解答】

不合理。

【法律依据】

《职工带薪年休假条例》第五条　单位根据生产、工作的具体情况，并考虑职工本人意愿，统筹安排职工年休假。

年休假在1个年度内可以集中安排，也可以分段安排，一般不跨年度安排。单位因生产、工作特点确有必要跨年度安排职工年休假的，可以跨一个年度安排。

单位确因工作需要不能安排职工休年假的，经职工本人同意，可以不安排职工休年假。对职工应休未休假天数，单位应当按照该职工日工资收入的300%支付年休假工资报酬。

60. 某员工应聘时隐瞒了自己曾受行政/刑事处分的事实，后经该公司调查，以该员工隐瞒受过处分，不符合本单位录用条件为由，在试用期内解除了与该员工的劳动关系是否合理？

【解答】

合理。用人单位有权了解劳动者与劳动合同直接相关的基本情况，劳动者应当如实说明。劳动者和用人单位在法律上处于平等的地位，且劳动合同订立的过程是完全出于当事人自己的意愿，而且是出于内心的真实意思表示。劳动合同订立的过程中，劳动者和用人单位必须诚实、善意地行使权利，不诈不欺，诚实守信。而该员工在应聘时，隐瞒受行政/刑事处分的事实，显然是一种不诚实，不善意的行为，违背了诚实信用原则。虽然签订合同是双方自愿的，但这种自愿是建立在虚假材料的基础上的，本质上是违背了平等自愿的原则。

【法律依据】

《劳动合同法》第三条　订立劳动合同，应当遵循合法、公平、平等自愿、协商一致、诚实信用的原则。

《劳动合同法》第三十九条　在试用期期间，劳动者不符合录用条件的，用人单位可以与劳动者解除劳动合同，而且用人单位并不需要支付经济补偿金。

61. 伪造学历入职单位可以随时解聘吗?

【解答】

员工在入职时提交了虚假的毕业证书，使公司在违背真实意思的情况下与其建立了劳动关系，其行为构成欺诈，双方签订的劳动合同无效。实践中，随着劳动力市场日益活跃，劳动者与用人单位之间的双向选择也越发自由。而劳动者的学历和过往履历成为双方互相选择的重要依据。劳动者如果采取欺诈的手段，以虚假学历入职，事实上侵犯了用人单位的知情权，违背诚实信用原则，用人单位可以劳动者存在欺诈为由主张合同无效，同时可就劳动者造成的损失要求赔偿。

【法律依据】

《劳动合同法》第三条　订立劳动合同，应当遵循合法、公平、平等自愿、协商一致、诚实信用的原则。

62. 上下班途中发生非本人主要责任的交通事故致残，是否可以就伤残待遇主张双重赔付？

【解答】

员工在上下班途中发生非本人主要责任的交通事故，应当认定为工伤。由此致残的，可就伤残待遇主张双重赔付。

【法律依据】

《工伤保险条例》第十四条　职工有下列情形之一的，应当认定为工伤：……(6)在上下班途中，受到非本人主要责任的交通事故或者城市轨道交通、客运轮渡、火车事故伤害的。

《最高人民法院关于审理人身损害赔偿案件适用法律若干问题的解释》第十二条　依法应当参加工伤保险统筹的用人单位的劳动者，因工伤事故遭受人身损害，劳动者或者其近亲属向人民法院起诉请求用人单位承担民事赔偿责任的，告知其按《工伤保险条例》的规定处理。因用人单位以外的第三人侵权造成劳动者人身损害，赔偿权利人请求第三人承担民事赔偿责任的，人民法院应予支持。

63. 员工正式上岗前，被公司告知有为期一个月的岗前培训，该期间不算正式工作，仅发放生活费。请问参加岗前培训能否认定是建立劳动关系？

【解答】

所谓“用工”，是指用人单位实际上开始使用劳动者的劳动力，劳动者开始在用人单位的指挥、监督、管理下提供劳动。用工之日，通俗地讲，就是劳动者在用人单位开始上班的第一天。同时，岗前培训也是劳动者受用人单位指派参加的，即使没有参加正式的工作，也应视为劳动者提供了“用工”。

因此，员工自第一天参加培训时起就与公司建立了劳动关系，公司的做法是违反法律规定的。

【法律依据】

《劳动合同法》第七条　用人单位自用工之日起即与劳动者建立劳动关系。用人单位应当建立职工名册备查。

64. 退休返聘人员上班路遇车祸，能算工伤吗？

【解答】

已享受养老保险待遇的离退休人员，不再具有劳动法律调整的劳动者主体资格，其被再次聘用的，与用人单位签订的是聘用协议，不是劳动合同，双方之间是劳务关系，而非劳动关系，而工伤认定一般以双方存在劳动关系为前提，因此，退休返聘人员在上班途中发生交通事故受伤，不适用《工伤保险条例》，不能依据《工伤保险条例》的认定条件来认定工伤。

但是，即便其不能获得工伤认定，单位也无法逃避其应当承担的相关责任，其在上班路上遇车祸是与聘用工作密不可分的组成部分，其途中发生交通事故受伤，应认定为从事雇佣工作中受到第三者人身伤害，因此，其依法有权要求单位承担相应的赔偿责任。

【法律依据】

《最高人民法院关于审理劳动争议案件适用法律若干问题的解释(三)》第七条　用人单位与其招用的已经依法享受养老保险待遇或领取退休金的人员发生用工争议，向人民法院提起诉讼的，人民法院应当按劳务关系处理。

《劳动部关于实行劳动合同制度若干问题的通知》

(16)已享受养老保险待遇的离退休人员被再次聘用时，用人单位应与其签订书面协议，明确聘用期内的工作内容、报酬、医疗、劳保待遇等权利和义务。

《最高人民法院关于审理人身损害赔偿案件适用法律若干问题的解释》第十一条　雇员在从事雇佣活动中遭受人身损害，雇主应当承担赔偿责任。雇佣关系以外的第三人造成雇员人身损害的，赔偿权利人可以请求第三人承担赔偿责任，也可以请求雇主承担赔偿责任。雇主承担赔偿责任后，可以向第三人追偿。

雇员在从事雇佣活动中因安全生产事故遭受人身损害，发包人、分包人知道或者应当知道接受发包或者分包业务的雇主没有相应资质或者安全生产条件的，应当与雇主承担连带赔偿责任。

属于《工伤保险条例》调整劳动关系和工伤保险范围的，不适用本条规定。

65. 以完成一定工作任务为期限的劳动合同，单位是否应支付经济补偿金？

【解答】

应当支付。该类劳动合同，以某一项工作开始之日，作为其期限起算之日，以劳动者完成该项工作之日，作为其期限终止之日，因此，可能存在合同的变更、解除、中止(双方协议暂停履行)或者终止等问题，但不存在合同续签的问题。

【法律依据】

《劳动合同法》第十五条　以完成一定工作任务的为期限的劳动合同，是指用人单位与劳动者约定以某项工作的完成为合同期限的劳动合同。

用人单位与劳动者协商一致，可以订立以完成一定工作任务为期限的劳动合同。

《劳动合同法实施条例》第二十二条　以完成一定工作任务为期限的劳动合同因任务完成而终止的，用人单位应当依照劳动合同法第四十七条的规定向劳动者支付经济补偿。

66. 劳动合同中约定将社会保险费直接支付给员工有效吗?

【解答】

社会保险具有强制性依法参加社会保险，缴纳保险费用，是用人单位和劳动者的法定责任和义务。只要用人单位和劳动者依法确立了劳动关系，用人单位就必须参加社会保险，按照社会保险的项目、保险费缴纳的方式和标准、保险待遇的内容与标准等为员工办理社会保险的相关手续。由于参加社会保险是法律规定的强制性义务，因此，其不因双方当事人的任何约定而被排除或免除。虽然双方对不办理社会保险和以其他形式支付计保费用达成了协议，但由于该约定违反了法律的强制性规定，因此，该约定无效。

另外，由于员工已经按月领取的社会保险费是基于双方的无效约定获得的，因此，根据法律的相关规定，员工应将该笔款项返还给公司。

【法律依据】

《劳动合同法》第二十六条　下列劳动合同无效或者部分无效：

(1)以欺诈、胁迫的手段或者乘人之危，使对方在违背真实意思的情况下订立或者变更劳动合同的；

(2)用人单位免除自己的法定责任、排除劳动者权利；

(3)违反法律、行政法规强制性规定的。

对劳动合同的无效或者部分无效有争议的，由劳动争议仲裁机构或者人民法院确认。

67. 公司随意延长试用期，再以在延长试用期内不符合录用条件为由将员工辞退，应承担何种法律责任？

【解答】

公司应在约定的试用期内及时对员工考评，并决定是否予以录用。因为试用期经过即进入正式的合同履行期，双方均负有完全履行合同约定的义务。试用期过后，公司单方面决定延长试用期的做法没有法律依据，即使有延长试用期的通知也不能作为双方协商一致延长试用期的依据。

员工虽继续在公司工作，但因试用期延长的决定无效，只能视为员工在继续履行劳动合同。合同履行期间，公司应当按合同的约定，给付员工转正待遇。同时，由于公司在合法的试用期内未解除劳动合同，试用期过后，公司已无权再以员工不符合录用条件为由行使试用期内才享有的解除劳动合同的权利。因此，公司作出解除劳动合同的决定没有法律依据，属于违法解除，应当向员工支付违法解除劳动合同的赔偿金。

【法律依据】

《劳动合同法》第十九条　劳动合同期限三个月以上不满一年的，试用期不得超过一个月；劳动合同期限一年以上不满三年的，试用期不得超过二个月；三年以上固定期限和无固定期限的劳动合同，试用期不得超过六个月。

68. 客户名单能构成商业秘密吗？

【解答】

客户名单要构成商业秘密，除具备商业秘密的一般要件外，还应满足以下几点要求：一是客户名单具有特定性，二是客户名单内容较为全面，三是客户名单具有稳定性，四是客户名单具有秘密性。客户名单只有满足以上述几点要求，才能比较容易认定为商业秘密，受到法律的保护。

【法律依据】

《反不正当竞争法》第九条　经营者不得实施下列侵犯商业秘密的行为：

(1)以盗窃、贿赂、欺诈、胁迫或者其他不正当手段获取权利人的商业秘密；

(2)披露、使用或者允许他人使用以前项手段获取的权利人的商业秘密；

(3)违反约定或者违反权利人有关保守商业秘密的要求，披露、使用或者允许他人使用其所掌握的商业秘密。

第三人明知或者应知商业秘密权利人的员工、前员工或者其他单位、个人实施前款所列违法行为，仍获取、披露、使用或者允许他人使用该商业秘密的，视为侵犯商业秘密。

《最高人民法院关于审理不正当竞争民事案件应用法律若干问题的解释》第十三条　商业秘密中的客户名单，一般是指客户的名称、地址、联系方式以及交易的习惯、意向、内容等构成的区别于相关公知信息的特殊客户信息，包括汇集众多客户的客户名册，以及保持长期稳定交易关系的特定客户。

客户基于对职工个人的信赖而与职工所在单位进行市场交易，该职工离职后，能够证明客户自愿选择与自己或者其新单位进行市场交易的，应当认定没有采用不正当手段，但职工与原单位另有约定的除外。

69. 企业拖欠工资，员工能解除服务期劳动合同吗?

【解答】

可以，且不需支付违约金。

【法律依据】

《劳动合同法实施条例》第二十六条　用人单位与劳动者约定了服务期，劳动者依照劳动合同法第三十八条的规定解除劳动合同的，不属于违反服务期的约定，用人单位不得要求劳动者支付违约金。

有下列情形之一，用人单位与劳动者解除约定服务期的劳动合同的，劳动者应当按照劳动合同的约定向用人单位支付违约金：

(1)劳动者严重违反用人单位的规章制度的；

(2)劳动者严重失职，营私舞弊，给用人单位造成重大损害的；

(3)劳动者同时与其他用人单位建立劳动关系，对完成本单位的工作任务造成严重影响，或者经用人单位提出，拒不改正的；

(4)劳动者以欺诈、胁迫的手段或者乘人之危，使用人单位在违背真实意思的情况下订立或者变更劳动合同的；

(5)劳动者被依法追究刑事责任的。

70. 微信辞职是否有效?

【解答】

员工通过微信提出辞职是使用书面形式提出的辞职，应认定有效。

【法律依据】

《合同法》第十一条 书面形式是指合同书、信件和数据电文(包括电报、电传、传真、电子数据交换和电子邮件)等可以有形地表现所载内容的形式。

《最高人民法院关于适用〈中华人民共和国民事诉讼法〉的解释》

第一百一十六条 视听资料包括录音资料和影像资料。

电子数据是指通过电子邮件、电子数据交换、网上聊天记录、博客、微博客、手机短信、电子签名、域名等形成或者存储在电子介质中的信息。

存储在电子介质中的录音资料和影像资料，适用电子数据的规定。

71. 企业能自主实行综合计算工时制吗？

【解答】

不能。如企业因工作性质或者生产特点，确需实行综合计算工时制的，必须经劳动行政部门批准后，方可实施。企业自身无权决定将标准工时制变更为综合工时制。

【法律依据】

《劳动法》第三十九条 企业因生产特点不能实行本法第三十六条、第三十八条规定的，经劳动行政部门批准，可以实行其他工作和休息办法。

72. 实行综合工时制后，员工的工作时间就完全由企业安排吗？

【解答】

答案是否定的。实行综合计算工时制的，其工作时间可分别以月、季、年为周期，综合计算工作时间，但其平均日工作时间和平均周工作时间应与法定标准工作时间基本相同。

【法律依据】

《关于企业实行不定时工作制和综合计算工时工作制的审批办法》第五条　企业对符合下列条件之一的职工，可实行综合计算工时工作制，即分别以周、月、季、年等为周期，综合计算工作时间，但其平均日工作时间和平均周工作时间应与法定标准工作时间基本相同。

(1)交通、铁路、邮电、水运、航空、渔业等行业中因工作性质特殊，需连续作业的职工；

(2)地质及资源勘探、建筑、制盐、制糖、旅游等受季节和自然条件限制的行业的部分职工；

(3)其他适合实行综合计算工时工作制的职工。

第六条　对于实行不定时工作制和综合计算工时工作制等其他工作和休息办法的职工，企业应根据《中华人民共和国劳动法》第一章、第四章有关规定，在保障职工身体健康并充分听取职工意见的基础上，采用集中工作、集中休息、轮休调休、弹性工作时间等适当方式，确保职工的休息休假权利和生产、工作任务的完成。

73. 业绩提成是劳动者的工资吗？

【解答】

业务提成即提成工资，是计件工资的主要方式之一。它是企业对业务员完成确定的销售业务或超额完成的奖励，属于业务员享受基本工资以上所应得的劳动报酬。

【法律依据】

《关于工资总额组成的规定》第四条　工资总额由下列六个部分组成：

(1) 计时工资；

(2) 计件工资；

(3) 奖金；

(4) 津贴和补贴；

(5) 加班加点工资；

(6) 特殊情况下支付的工资。

第六条　计件工资是指对已做工作按计件单价支付的劳动报酬。包括：

(1) 实行超额累进计件、直接无限计件、限额计件、超定额计件等工资制，按劳动部门或主管部门批准的定额和计件单价支付给个人的工资；

(2)按工作任务包干方法支付给个人的工资；

(3)按营业额提成或利润提成办法支付给个人的工资。

74. 客观原因导致工资未发，构成无故拖欠吗？

【解答】

只要企业确实有合理的理由，而且在解除或终止劳动合同时，均及时予以补发，一般不会被认定为无故拖欠。

【法律依据】

《对工资支付暂行规定有关问题的补充规定》

四、《规定》第十八条所称“无故拖欠”系指用人单位无正当理由超过规定付薪时间未支付劳动者工资。不包括：

(1)用人单位遇到非人力所能抗拒的自然灾害、战争等原因，无法按时支付工资；

(2)用人单位确因生产经营困难、资金周转受到影响，在征得本单位工人同意后，可暂时延期支付劳动者工资，延期时间的最长限制可由各省、自治区、直辖市劳动行政部门根据各地情况确定。其他情况下拖欠均属无故拖欠。

75. 社会保险缴费基数低于员工月平均工资，员工能要求解除劳动合同吗？

【解答】

实务中，用人单位应当按照规定的险种为劳动者缴纳社会保险费，但是不少企业为了降低企业人力资源成本，打起了“擦边球”，比如，与员工约定以较低的基数缴纳社会保险费，或者约定不缴纳社会保险费，而将相应款项直接支付给员工，这种约定往往因为违反法律的强制性规定而无效。严格来说，依法缴纳社会保险费的义务，包括按照规定的险种、缴费基数以及缴费时间及时足额缴纳。因此，企业以较低的基数缴纳社会保险费的行为，构成未依法为劳动者缴纳社会保险费。

【法律依据】

《劳动合同法》第三十八条　用人单位有下列情形之一的，劳动者可以解除劳动合同：

……

(3)未依法为劳动者缴纳社会保险费的。

《劳动合同法》第四十六条　有下列情形之一的，用人单位应当向劳动者支付经济补偿：

(1)劳动者依照本法第三十八条规定解除劳动合同的。

76. 劳动者对考核结果不认可，但又实际上去了新岗位，能否事后主张调岗无效？

【解答】

不能。对于这个问题，用人单位可以用实际履行规则进行抗辩。

【法律依据】

《最高人民法院关于审理劳动争议案件适用法律若干问题

的解释(四)》第十一条　变更劳动合同未采用书面形式，但已经实际履行了口头变更的劳动合同超过一个月，且变更后的劳动合同内容不违反法律、行政法规、国家政策以及公序良俗，当事人以未采用书面形式为由主张劳动合同变更无效的，人民法院不予支持。

77. 员工医疗期满后不能从事原工作，企业可以解除劳动合同吗？

【解答】

劳动者患病或者非因工负伤，医疗期满届满后，用人单位可以与其解除劳动合同，但必须满足3个前提条件：一是按照法定标准应当享受的医疗期已经享受完毕；二是医疗期届满后，员工不能从事原工作；三是医疗期届满后，也不能从事由用人单位另行安排的工作。也就是说，员工医疗期满后，企业是不能直接解除劳动合同的。

【法律依据】

《劳动合同法》第四十条　有下列情形之一的，用人单位提前三十日以书面形式通知劳动者本人或者额外支付劳动者一个月工资后，可以解除劳动合同：

(1)劳动者患病或者非因工负伤，在规定的医疗期满后不能从事原工作，也不能从事由用人单位另行安排的工作的；

(2)劳动者不能胜任工作，经过培训或者调整工作岗位，仍不能胜任工作的；

(3)劳动合同订立时所依据的客观情况发生重大变化，致使劳动合同无法履行，经用人单位与劳动者协商，未能就变更劳动合同内容达成协议的。

78. 员工辞职，须经用人单位批准吗？

【解答】

实务中，许多企业认为员工辞职必须写辞职申请，并且要得到单位的批准，否则就不能辞职，这实际上是一个典型的认识误区。员工辞职，只要提前30天以书面形式通知单位即可，无需单位批准或同意。

【法律依据】

《劳动合同法》第三十七条　劳动者提前三十日以书面形式通知用人单位，可以解除劳动合同。劳动者在试用期内提前三日通知用人单位，可以解除劳动合同。

79. 公司投资人变更，可以终止劳动合同吗？

【解答】

企业法定代表人或者投资人发生变更，不属于法律规定的可以终止劳动合同的情形，公司不得以此为由终止劳动合同。

【法律依据】

《劳动合同法》第三十三条　用人单位变更名称、法定代表人、主要负责人或者投资人等事项，不影响劳动合同的履行。

80. 劳动合同期满，公司决定不与员工续签劳动合同，办理完离职手续后，员工方知怀孕，现能否要求续签劳动合同？

【解答】

员工在劳动合同终止时，没有发现自己怀孕，但如果事后有充分的证据证明其怀孕是在合同期限内的，劳动合同的期限应当自动续延至哺乳期结束。如单位以已经办理完合同终止的手续为由，不同意与其续签劳动合同的，不符合法律规定。

【法律依据】

《劳动合同法》第四十五条　劳动合同期满，有本法第四十二条规定情形之一的，劳动合同应当延续至相应的情形消失时终止。

《劳动合同法》第四十二条　劳动者有下列情形之一的，用人单位不得依照本法第四十条、第四十一条的规定解除劳动合同：

(1)从事接触职业病危害作业的劳动者未进行离岗前职业健康检查，或者疑似职业病病人在诊断或者医学观察期间的；

(2)在本单位患职业病或者因工负伤并被确认丧失或者部分丧失劳动能力的；

(3)患病或者非因工负伤，在规定的医疗期内的；

(4)女职工在孕期、产期、哺乳期的；

(5)在本单位连续工作满十五年，且距法定退休年龄不足五年的；

(6)法律、行政法规规定的其他情形。

81. 劳动合同到期后未续签，也未终止，劳动关系能随时终止吗？

【解答】

用人单位在劳动合同到期终止后1个月内未续签书面劳动合同的，到期终止后满一个月的次日至满一年的前一日，应向劳动者每月支付两倍的工资；如到期终止满一年的，则视为自到期终止之次日起满一年的当日已经与劳动者订立无固定期限劳动合同。

【法律依据】

《劳动合同法》第八十二条　用人单位自用工之日起超过一个月不满一年未与劳动者订立书面劳动合同的，应当向劳动者每月支付二倍的工资。

《劳动合同法实施条例》第六条　用人单位自用工之日起超过一个月不满一年未与劳动者订立书面劳动合同的，应当依照劳动合同法第八十二条的规定向劳动者每月支付两倍的工资，并与劳动者补订书面劳动合同；劳动者不与用人单位订立书面劳动合同的，用人单位应当书面通知劳动者终止劳动关系，并依照劳动合同法第四十七条的规定支付经济补偿。

前款规定的用人单位向劳动者每月支付两倍工资的起算时间为用工之日起满一个月的次日，截止时间为补订书面劳动合同的前一日。

《劳动合同法实施条例》第七条　用人单位自用工之日起满一年未与劳动者订立书面劳动合同的，自用工之日起满一个月的次日至满一年的前一日应当依照劳动合同法第八十二条的规定向劳动者每月支付两倍的工资，并视为自用工之日起满一年的当日已经与劳动者订立无固定期限劳动合同，应当立即与劳动者补订书面劳动合同。

82. 员工连续工作满 10 年，是否必须续签劳动合同?

【解答】

如果员工具备了订立无固定期限劳动合同的条件，除非员工自愿提出订立固定期限劳动合同的，企业均应当与员工订立无期限劳动合同。

【法律依据】

第十四条　无固定期限劳动合同，是指用人单位与劳动者约定无确定终止时间的劳动合同。

用人单位与劳动者协商一致，可以订立无固定期限劳动合同。有下列情形之一，劳动者提出或者同意续订、订立劳动合同的，除劳动者提出订立固定期限劳动合同外，应当订立无固定期限劳动合同：

（1）劳动者在该用人单位连续工作满十年的；

（2）用人单位初次实行劳动合同制度或者国有企业改制重新订立劳动合同时，劳动者在该用人单位连续工作满十年且距法定退休年龄不足十年的；

（3）连续订立二次固定期限劳动合同，且劳动者没有本法第三十九条和第四十条第一项、第二项规定的情形，续订劳动合同的。

用人单位自用工之日起满一年不与劳动者订立书面劳动合同的，视为用人单位与劳动者已订立无固定期限劳动合同。

83. 劳动合同期满终止，员工不同意续订的，企业还须支付经济补偿金吗？

【解答】

如果企业维持原劳动合同中约定的劳动条件，员工不同意续订的，企业无须支付经济补偿金。

【法律依据】

《劳动合同法实施条例》**第五条**　自用工之日起一个月内，经用人单位书面通知后，劳动者不与用人单位订立书面劳动合同的，用人单位应当书面通知劳动者终止劳动关系，无需向劳动者支付经济补偿，但是应当依法向劳动者支付其实际工作时间的劳动报酬。

84. 月平均工资是否包含住房公积金？

【解答】

企业每月为员工个人缴存的住房公积金应计入月平均工资。

【法律依据】

《财政部关于企业加强职工福利费财务管理的通知》

……(2)企业为职工提供的交通、住房、通讯待遇，已经实行货币化改革的，按月按标准发放或支付的住房补贴、交通补贴或者车改补贴、通讯补贴，应当纳入职工工资总额，不再纳入职工福利费管理；尚未实行货币化改革的，企业发生的相关支出作为职工福利费管理，但根据国家有关企业住房制度改革政策的统一规定，不得再为职工购建住房。

85. 企业支付赔偿金后，还需支付经济补偿金吗？

【解答】

由于经济补偿金是用人单位在依法解除劳动合同的情况下，根据法律规定支付给劳动者的补偿，而赔偿金是基于用人单位违法解除或终止劳动合同而对劳动者作出的赔偿，两者的性质和支付条件不同，因此，不存在同时支付的问题。

【法律依据】

《劳动合同法实施条例》第二十五条　用人单位违反劳动合

同法的规定解除或者终止劳动合同，依照《劳动合同法》第八十七条的规定支付了赔偿金的，不再支付经济补偿。赔偿金的计算年限自用工之日起计算。

86. 派遣员工发生工伤，工伤保险待遇由谁负担？

【解答】

由于劳动者与劳务派遣公司是劳动合同的主体，也是劳动关系的双方，因此，在被派遣劳动者发生工伤后，应由派遣公司组织到有关部门进行工伤认定，并处理相关工伤保险事宜。如果派遣公司拖延或不予支付工伤保险待遇的，被派遣劳动者可以同时要求实际用工单位承担连带赔偿责任。

【法律依据】

《劳动合同法》第五十八条　劳务派遣单位是本法所称用人单位，应当履行用人单位对劳动者的义务。劳务派遣单位与被派遣劳动者订立的劳动合同，除应当载明本法第十七条规定的事项外，还应当载明被派遣劳动者的用工单位以及派遣期限、工作岗位等情况。

劳务派遣单位应当与被派遣劳动者订立二年以上的固定期限劳动合同，按月支付劳动报酬；被派遣劳动者在无工作期间，劳务派遣单位应当按照所在地人民政府规定的最低工资标准，向其按月支付报酬。

《劳动合同法》第五十九条　劳务派遣单位派遣劳动者应当与接受以劳务派遣形式用工的单位(以下称用工单位)订立劳务派

遣协议。劳务派遣协议应当约定派遣岗位和人员数量、派遣期限、劳动报酬和社会保险费的数额与支付方式以及违反协议的责任。

用工单位应当根据工作岗位的实际需要与劳务派遣单位确定派遣期限，不得将连续用工期限分割订立数个短期劳务派遣协议。

87.“用工单位有权随时将被派遣劳动者退工”的约定有效吗?

【解答】

用工单位单方退工也必须依法进行，而不能私自与派遣单位随意约定退工情形和条件。

【法律依据】

《劳动合同法》第六十五条　被派遣劳动者可以依照本法第三十六条、第三十八条的规定与劳务派遣单位解除劳动合同。

被派遣劳动者有本法第三十九条和第四十条第一项、第二项规定情形的，用工单位可以将劳动者退回劳务派遣单位，劳务派遣单位依照本法有关规定，可以与劳动者解除劳动合同。

《劳动合同法实施条例》第三十一条　劳务派遣单位或者被派遣劳动者依法解除、终止劳动合同的经济补偿，依照劳动合同法第四十六条、第四十七条的规定执行。

《劳动合同法实施条例》第三十二条　劳务派遣单位违法解除或者终止被派遣劳动者的劳动合同的，依照劳动合同法第四十八条的规定执行。

88. 某公司录用了一名非全日制员工，安排其每天工作8小时，每周工作3天，该公司做法是否符合法律规定？

【解答】

公司的作法符合法律规定。对于非全日制某一天的工作时间，法律并没有明确的限制，只要符合“平均每日工作时间不超过4小时，每周工作时间累计不超过24小时”的标准即可。因此，该公司做法不违反法律规定。

【法律依据】

《劳动合同法》第六十八条　非全日制用工，是指以小时计酬为主，劳动者在同一用人单位一般平均每日工作时间不超过四小时，每周工作时间累计不超过二十四小时的用工形式。

89. 企业欠缴社会保险费，员工能申请仲裁或提起诉讼吗？

【解答】

征缴社会保险费属于社会保险部门的职责，社会保险部门征缴不到的，可依法申请人民法院强制执行。因此，劳动者要求补缴社会保险费的请求，不属于劳动争议，应告知劳动者通过劳动行政部门解决。

【法律依据】

《最高人民法院关于审理劳动争议案件适用法律若干问题的解释(二)》第七条　下列纠纷不属于劳动争议：

(1)劳动者请求社会保险经办机构发放社会保险金的纠纷；

(2)劳动者与用人单位因住房制度改革产生的公有住房转让纠纷；

(3)劳动者对劳动能力鉴定委员会的伤残等级鉴定结论或者对职业病诊断鉴定委员会的职业病诊断鉴定结论的异议纠纷；

(4)家庭或者个人与家政服务人员之间的纠纷；

(5)个体工匠与帮工、学徒之间的纠纷；

(6)农村承包经营户与受雇人之间的纠纷。

90. 用人单位招用尚未解除劳动合同的劳动者，给原用人单位造成损失发生争议的，如何确定案件当事人？

【解答】

原用人单位以劳动争议为由申请仲裁或者提起诉讼的，可以将劳动者列为被申请人或被告，将新的用人单位列为第三人。

【法律依据】

《最高人民法院关于审理劳动争议案件适用法律若干问题的解释》第十一条　用人单位招用尚未解除劳动合同的劳动者，原用人单位与劳动者发生的劳动争议，可以列新的用人单位为第三人。

原用人单位以新的用人单位侵权为由向人民法院起诉的，可以列劳动者为第三人。

原用人单位以新的用人单位和劳动者共同侵权为由向人民法院起诉的，新的用人单位和劳动者列为共同被告。

91. 劳动争议仲裁中，确定是否属于“终局裁决”，其金额是分项算，还是合并算?

【解答】

只要仲裁裁决每项确定的数额均不超过当地月最低工资标准 12 个月的金额，就应按照“终局裁决”处理。即分项算。

【法律依据】

最高人民法院关于审理劳动争议案件适用法律若干问题的解释(三)法释[2010]12 号 第十三条　劳动者依据调解仲裁法第四十七条第(一)项规定，追索劳动报酬、工伤医疗费、经济补偿金，如果仲裁涉及数项，每项确定的数额均不超过当地月最低工资标准十二个月金额的，应当按照终局裁决处理。

92. 雪天路滑，职工下班途中走路滑倒摔伤，能否认定工伤?

【解答】

职工通勤途中事故伤害认定工伤，受到两个因素限制，即“交通事故或者城市轨道交通、客运轮渡、火车事故伤害”和“非本人主要责任”。因此，职工在冰雪天上下班途中，仅仅是自己走路不小心滑倒摔伤，由于没有车辆的介入，则不属于交通事故，相关责任也由自身承担，无法认定为工伤。但如果职工在上下班步行途中是因为避让车辆而滑倒摔伤的，则属于交通事故，如该职工承担交通事故的非本人主要责任，则可以认定为工伤。

【法律依据】

《工伤保险条例》第十四条　职工有下列情形之一的，应当认定为工伤：

(1)在工作时间和工作场所内，因工作原因受到事故伤害的；

(2)工作时间前后在工作场所内，从事与工作有关的预备性或者收尾性工作受到事故伤害的；

(3)在工作时间和工作场所内，因履行工作职责受到暴力等意外伤害的；

(4)患职业病的；

(5)因工外出期间，由于工作原因受到伤害或者发生事故下落不明的；

(6)在上下班途中，受到非本人主要责任的交通事故或者城市轨道交通、客运轮渡、火车事故伤害的；

(7)法律、行政法法规规定应当认定为工伤的其他情形。

93. 员工打架斗殴但已获受害人谅解，公司还能解雇吗？

【解答】

几乎所有公司的规章制度都会把”工作场所打架斗殴“视为严

重违纪情形，可以立即解除劳动合同，不支付经济补偿。但仍需视具体情况而定。如果“打架斗殴者”的主观恶性大，负有主要责任以上，且造成受害人身体伤害比较重的，即使是获得受害人的谅解，用人单位解除“打架斗殴者”的劳动关系合法有效；如果“打架斗殴者”仅是双方互相发生身体接触，且取得受害人谅解的、主动赔偿受害人的医疗费用的，“打架斗殴”情节轻微，用人单位仍然解除劳动合同的，属于非法解除劳动合同，需承担非法解除劳动合同的不利法律后果。

【法律依据】

《劳动合同法》第三十九条　劳动者有下列情形之一的，用人单位可以解除劳动合同：

(1)在试用期间被证明不符合录用条件的；

(2)严重违反用人单位的规章制度的；

(3)严重失职，营私舞弊，给用人单位造成重大损害的；

(4)劳动者同时与其他用人单位建立劳动关系，对完成本单位的工作任务造成严重影响，或者经用人单位提出，拒不改正的；

(5)因本法第二十六条第一款第一项规定的情形致使劳动合同无效的；

(6)被依法追究刑事责任的。

94. 员工自愿加班是否有加班费？

【解答】

首先，自愿工作的不属于加班。

用人单位支付加班费工资的前提是“用人单位根据实际需要安排员工在法定标准工作时间以外工作”，即由用人单位安排加班的，用人单位才应支付加班工资。如果员工的工作既不是用人单位的要求、决定，也没有用人单位认可的加班记录，而只是自愿加班的情况，则不属于加班，用人单位无须支付加班费。但是，如果用人单位对员工的加班予以追认的话，就是单位安排的加班，应该支付相应的加班工资。

其次，如果有证据证明加班为单位安排，可确认为“事实加班”。

变相延长员工的工作时间，属于加班。但前提是员工必须有证据证明，确属因用人单位安排了过多的工作任务，而使员工不得不在正常的工作时间以外加班。

因此，员工自愿加班的话，单位是不需要支付加班费的。劳动者如果认为自己的工作需要加班，可以要求单位来进行安排。

【法律依据】

《劳动合同法》第三十一条　用人单位应当严格执行劳动定额标准，不得强迫或者变相强迫劳动者加班。用人单位安排加班的，应当按照国家有关规定向劳动者支付加班费。

《劳动法》第四十四条　有下列情形之一的，用人单位应当按照下列标准支付高于劳动者正常工作时间工资的工资报酬：

(1)安排劳动者延长工作时间的，支付不低于工资的百分之一百五十的工资报酬；

(2)休息日安排劳动者工作又不能安排补休的，支付不低于工资的百分之二百的工资报酬；

(3)法定休假日安排劳动者工作的，支付不低于工资的百分之三百的工资报酬。

95. 末位淘汰、竞争上岗是否合法？用人单位是否能以“末位淘汰”制解除劳动合同？

【解答】

用人单位不能以“末位淘汰”制解除员工劳动合同。考核居末位不等同于《劳动合同法》规定的“不胜任工作”，即不能简单以员工考核排在“末位”视作员工不胜任工作，并以此解除劳动合同。用人单位需要对员工设置考核指标并进行客观、量化的考核。经考核不胜任工作后，还需对员工进行培训或者调岗。若员工经培训或者调岗后仍被认定为不胜任工作，才可以行使解除权。

【法律依据】

最高院发布的《第八次全国法院民事商事审判工作会议(民事部分)纪要》

(29)用人单位在劳动合同期限内通过“末位淘汰”或“竞争上岗”等形式单方解除劳动合同，劳动者可以用人单位违法解除劳动合同为由，请求用人单位继续履行劳动合同或者支付赔偿金。

《劳动合同法》第四十条　有下列情形之一的，用人单位提前三十日以书面形式通知劳动者本人或者额外支付劳动者一个月工资后，可以解除劳动合同：

(1)劳动者患病或者非因工负伤，在规定的医疗期满后不能从事原工作，也不能从事由用人单位另行安排的工作的；

(2)劳动者不能胜任工作，经过培训或者调整工作岗位，仍不能胜任工作的；

(3)劳动合同订立时所依据的客观情况发生重大变化，致使劳动合同无法履行，经用人单位与劳动者协商，未能就变更劳动合同内容达成协议的。

96. 公司未为员工办社保，一位职员因失恋自杀身亡，公司是否应承担责任？

【解答】

该员工属于非因工死亡。由于公司未为该员工办理社保，其责任应由公司承担。因此，其所需丧葬补助金和抚恤金应由公司支付。

【法律依据】

《社会保险法》第十七条　参加基本养老保险的个人，因病或者非因工死亡的，其遗属可以领取丧葬补助金和抚恤金；在未达到法定退休年龄时因病或者非因工致残完全丧失劳动能力的，可以领取病残津贴。所需资金从基本养老保险基金中支付。

97. 离职签署“一次性解决协议”后再行主张社保稽核的行为是否构成违约？

【解答】

社会保险费用的缴纳问题不仅关系到用人单位和劳动者双方私权利，还关系到整个社会社保制度的整体利益，并不属于双方可以自由放弃和处分的权利义务范畴。

虽然在解除劳动关系时，用人单位可以就相关补偿问题与劳动者作出“一次性解决”的约定，但其约定如有违反法律法规相关规定时，“一次性解决”协议本身即不再具有一次性解决的终局效力。届时，劳动者依法向社保部门主张社保稽核等相关权益，维护其法定权益时，并不会构成对“一次性解决”协议的违反。

【法律依据】

《劳动合同法》第三十六条 用人单位与劳动者协商一致，可以解除劳动合同。

《社会保险法》第六十条 用人单位应当自行申报、按时足额缴纳社会保险费，非因不可抗力等法定事由不得缓缴、减免。职工应当缴纳的社会保险费由用人单位代扣代缴，用人单位应当按月将缴纳社会保险费的明细情况告知本人。

无雇工的个体工商户、未在用人单位参加社会保险的非全日制从业人员以及其他灵活就业人员，可以直接向社会保险费征收机构缴纳社会保险费。

98. 员工与公司的劳动合同到期，公司以现在经济形势不好为由，要降低工资标准才可以续订劳动合同，怎么办?

【解答】

降薪，分两种情况，第一种，在劳动合同期限内降薪。由于工资标准属于劳动合同的必备条款，降薪，意味着对劳动合同的变更，需要双方协商一致，否则，即是违法。工资标准可以由双方协商一致确定，但不得低于最低工资标准。第二种情况，劳动合同到期，用人单位降薪。此时，如果导致劳动者不同意续订劳动合同的，应当支付终止劳动合同的经济补偿金。

因此，员工可以选择终止劳动合同，要求公司支付经济补偿金；也可以双方协商一致后，续订劳动合同。

【法律依据】

《劳动合同法》第三十五条　用人单位与劳动者协商一致，可以变更劳动合同约定的内容。变更劳动合同，应当采用书面形式。

变更后的劳动合同文本由用人单位和劳动者各执一份。

第四十六条　有下列情形之一的，用人单位应当向劳动者支付经济补偿：

(1) 劳动者依照本法第三十八条规定解除劳动合同的；

(2) 用人单位依照本法第三十六条规定向劳动者提出解除劳动合同并与劳动者协商一致解除劳动合同的；

(3) 用人单位依照本法第四十条规定解除劳动合同的；

(4) 用人单位依照本法第四十一条第一款规定解除劳动合同的；

(5) 除用人单位维持或者提高劳动合同约定条件续订劳动合同，劳动者不同意续订的情形外，依照本法第四十四条第一项规定终止固定期限劳动合同的；

(6) 依照本法第四十四条第四项、第五项规定终止劳动合同的；

(7) 法律、行政法规规定的其他情形。

后　记

《公共法律服务体系建设实践丛书》由武汉市江汉区司法局与湖北诺亚律师事务所联合编写。本丛书由武汉市江汉区司法局党组书记、局长谢定彪同志统一协调并组织编写，由中南财经政法大学知识产权研究中心研究员、武汉市江汉区司法局副局长(挂职)、国浩律师(深圳)事务所合伙人王博同志为丛书搭建篇章结构、提供编写思路，由江汉区政协委员、湖北诺亚律师事务所主任律师熊学武同志组织该所优秀律师认真编写。

本丛书的付梓出版，要特别感谢武汉市司法局党组书记、局长关太兵同志在繁重的工作之余为丛书撰写序言，感谢湖北诺亚律师事务所各位律师付出的智慧和辛劳。除此之外，还要感谢武汉大学出版社张欣编辑，为该套丛书的具体编排、组织出版等诸多具体事务所做的工作。

本丛书立足于百姓生活中常见的法律问题，用通俗易懂的语言和专业精炼的法律依据，力求为群众提供贴身、贴心的法律全书。本丛书现有四辑八篇，分婚姻家庭、民间借贷、人身损害赔偿、交通事故、物业服务、房地产纠纷、劳动合同、消费者权益等八个类别，每类有百余法律问答，涵盖最热、最新、最贴近群众需求的法律问题，力求成为提供精准法律知识、深受群众普遍欢迎的通俗读物。

千里之行，始于足下。江汉区司法局将以此为开端，逐步推出更多辑《公共法律服务体系建设实践丛书》，加强法治文化建设，不断提升公共法律服务软实力，切实增强人民群众的法治获得感幸福感。